Anne Eisner

Images du Congo

Art et Ethnographie, 1946-1958

Avec le soutien de :
The Bacon Funds, Department
of Romance Languages and
Literatures, Harvard University,
The Hutchins Center, Harvard University
et La Fondation Martine Aublet
Agir pour l'éducation.

La Fondation Martine Aublet Agir
pour l'éducation a également soutenu
l'exposition « Anne Eisner (1911-1967).
Une artiste américaine au Congo »
à l'atelier Martine Aublet au musée
du quai Branly – Jacques Chirac
(4 avril - 3 septembre 2023)

Atelier Martine Aublet

Anne Eisner
Images du Congo

Art et Ethnographie, 1946-1958

Publié sous la direction de Christie McDonald

Essais de
Suzanne Preston Blier, Christraud Geary, Sarah Ligner,
Christie McDonald, Enid Schildkrout, Kay Kaufman Shelemay
et Rosanna Warren

Commentaires de peintres
Louis Finkelstein et Joan McD Miller

Préface d'Abiola Irele

Suzanne Preston Blier, professeur de beaux-arts et d'études africaines et américaines à l'université de Harvard (chaire Allen Whitehill Clowes). Ses publications comprennent : *African Vodun* (1995) ; *African Royal Art : The Majesty of Form* (1998) ; *Art and Risk in Ancient Yoruba* (2015) ; *Picasso's Demoiselles* (2019) ; *African Art* (2023).

Louis Finkelstein (1923-2000), artiste, écrivain et enseignant, a enseigné à la Brooklyn Museum School, au Philadelphia College of Art, à l'université de Yale en tant que doyen par intérim de l'école d'art (1962-1964) et au Queens College (1964-1989). En 1969, il a organisé une exposition intitulée « African Art at Queens College » et dont les pièces provenaient de la collection privée d'Anne Eisner. En 1992, dans un entretien enregistré, Finkelstein a commenté l'ensemble de l'œuvre existante d'Anne Eisner.

Christraud M. Geary, conservatrice émérite des arts africains et océaniens au Museum of Fine Arts de Boston, a publié de nombreux ouvrages sur l'image des Africains dans la photographie occidentale. Parmi ses écrits, citons : *In and Out of Focus: Images from Central Africa, 1885–1960* (2002) ; *Postcards from Africa. Photographers of the Colonial Era* (2018) ; « Perpetuating a Myth: Images from the Kuba Kingdom and Western Fantasies (1920-1950s) », dans *Congo as Fiction. Art Worlds Between Past and Present*, Nanina Guyer and Michaela Oberhofer (2019).

John T. Hill, photographe et designer, a enseigné à l'université de Yale ; il a notamment publié : *Walker Evans: Havana, 1933* (1989) ; *Walker Evans : The Hungry Eye* (1993) ; *Walker Evans: Lyric Documentary* (2006). Deux de ses livres ont été sélectionnés par l'American Institute of Graphic Arts dans le cadre de son concours des 50 livres de l'année.

Abiola Irele (1936-2017) fut professeur invité aux départements d'études africaines et afro-américaines et de langues et littératures romanes de l'université de Harvard. Il est l'éditeur, avec Simon Gikandi, de *The Cambridge History of African and Caribbean Literature* (2004) et l'auteur, entre autres, de *The African Imagination* (2001).

Sarah Ligner est conservatrice du patrimoine, diplômée de l'École du Louvre et de l'Institut national du patrimoine. Depuis 2015, elle est responsable de l'unité patrimoniale Mondialisation historique et contemporaine au musée du quai Branly – Jacques Chirac. Elle contribue à la conservation, l'étude, l'enrichissement et la valorisation d'une collection de près de 11 000 œuvres. Une partie de cet ensemble a fait l'objet en 2018 d'une exposition dont elle était commissaire, *Peintures des lointains. La collection du musée du quai Branly – Jacques Chirac*, accompagné d'un catalogue qu'elle a dirigé. En 2020, elle a assuré le commissariat de l'exposition. *Peintures des lointains. Voyages de Jeanne Thil* au musée des beaux-arts de Calais.

Christie McDonald est professeur émérite du département des langues et littératures romanes de l'université de Harvard (chaire Smith). Critique et théoricienne littéraire et culturelle, elle a publié sur la littérature, la philosophie, l'anthropologie, et les arts. Parmi ses publications récentes : *The Life and Art of Anne Eisner: An American Artist between Cultures* (2020) ; *French Global: une nouvelle perspective sur l'histoire littéraire* (2014 co-dir, Classiques Garnier) ; « Le dix-huitième siècle », dans *Femmes, littérature. Une histoire culturelle* (Gallimard, 2020) ; *Painting My World: the Art of Dorothy Eisner* (2009).

Joan McD Miller (1929-2019), peintre. Expositions individuelles : Kendall Gallery ; Wellfleet (1999, 2001, 2003) ; Atlantic Gallery, New York City (1994, 1997, 2001) ; Rising Tide Gallery, Provincetown, Massachusetts (1995, 1997), ainsi que de nombreuses expositions collectives avec jury.

Enid Schildkrout, conservatrice émérite du département d'anthropologie du American Museum of Natural History de New-York. Ses publications comprennent : *The Scramble for Art in Central Africa* (co-dir. avec C. A. Keim, 1998) ; *African Reflections: Art from Northeastern Zaire* (co-dir. avec C. A. Keim, 1990) ; *Dynasty and Divinity, Ife Art in Ancient Nigeria* (2009, co-dir.) ; *Grass Roots: African Origins of an American Art* (2008, co-dir.).

Kay Kaufman Shelemay, professeur de musique et membre du département d'études africaines et afro-américaines de l'université de Harvard (chaire Gordon Watts). Elle a notamment publié : *Music, Ritual, and Falasha History* (1986) ; *Garland Library of Readings in Ethnomusicology* (1990) ; *Soundscapes, Exploring Music in a Changing World* (2001) ; *Ethiopian Christian Chant: An Anthology* (3 vol., 1993-97) ; *Sing and Sing On. Sentinel Musicians and the Making of the Ethiopian Diaspora* (2022).

Rosanna Warren, professeur de service distingué dans The Committee on Social Thought, université de Chicago (chaire Hanna Holborn Gray). Auteure de six livres de poésie, récemment *So Forth* (2020) et *Ghost in a Red Hat* (2011) publiés chez W. W. Norton ; sa biographie sur le poète Max Jacob, *Max Jacob: A Life in Art and Letters*, a été publiée en 2020.

Sommaire

7   Avant-propos
Christie McDonald et Sarah Ligner

11   Préface
F. Abiola Irele

15   Introduction : l'art et l'ethnologie
d'Anne Eisner, 1946-1958
Christie McDonald

49   Anne Eisner (1911-1967),
artiste américaine au Congo belge :
un parcours singulier
Sarah Ligner

59   Dessin sur la forêt :
Anne Eisner à Epulu
Rosanna Warren

75   Modernisme et ethnologie
dans l'Ituri : Anne Eisner,
Colin Turnbull et les Mbuti
Enid Schildkrout

103   Cartographie de l'Ituri : les peintures
sur écorce battue Mbuti et les toiles
d'Anne Eisner
Suzanne Preston Blier

131   Résister aux stéréotypes :
la conception de *Madami*,
des mémoires d'Anne Eisner Putnam
avec Allan Keller (1954)
Christraud M. Geary

151   Au-delà des images : entendre
le monde africain d'Anne Eisner
Putnam
Kay Kaufman Shelemay

163   Commentaire sur l'art
d'Anne Eisner
*Louis Finkelstein
et Joan McD Miller*

172   **ŒUVRES**

206   Bibliographie

207   Remerciements

Avant-propos

Christie McDonald et Sarah Ligner

Cet ouvrage a été publié initialement en 2005, sous le titre *Images of Congo: Anne Eisner's Art and Ethnography, 1946-1958*. Ce fut un premier pas dans la redécouverte du travail de cette artiste américaine, tombé dans l'oubli après sa mort en 1967. L'ouvrage aborde les séjours d'Anne Eisner à la lisière de la forêt équatoriale de l'Ituri, alors située dans la colonie belge du Congo (aujourd'hui République démocratique du Congo), tant sous l'angle artistique que sur le plan ethnologique.

Anne Eisner (1911-1967) quitte le milieu artistique new-yorkais en 1946, pour vivre sa passion avec Patrick Tracy Lowell Putnam, ancien étudiant de l'université de Harvard et anthropologue non conformiste. Une quinzaine d'années plus tôt, il avait fondé dans la région d'Epulu une communauté, une station de recherche, une auberge et un dispensaire médical. Anne Eisner s'est pleinement engagée dans cette communauté multiethnique constituée de Mbuti, alors dénommés pygmées par les anthropologues européens, et de Bira. Anne Eisner a tissé avec eux des liens de confiance et d'amitié. Première femme blanche à séjourner pendant de longues périodes dans les camps des Mbuti, qui chassaient tandis qu'elle peignait, elle a laissé d'abondantes notes ethnographiques et transcrit pas moins de deux cents légendes, répertoire des mythes Mbuti. Ni belge, ni européenne, Anne Eisner porte un regard sur l'Afrique qui n'est pas figé, et évolue au fil de ses expériences et de ses échanges à Epulu. Son œuvre interroge la tradition tant moderniste que primitiviste. Elle est une méditation picturale sur la vie dans la forêt, la musique Mbuti et la place des femmes au sein des communautés Mbuti et Bantu.

Cette nouvelle publication en français, *Anne Eisner Images du Congo*, basée sur celle de 2005, élargit la collaboration entre universitaires, historiens de l'art, conservateurs de musées, spécialistes de l'Afrique et

Fig. 1 *Woman and Jug,* 1956
(Pl. 25, détail)

7

peintres qui furent ses contemporains. L'ouvrage réunit les œuvres exécutées par Anne Eisner pendant ses séjours en Afrique et à son retour aux États-Unis, mais aussi ses archives, qui sont aujourd'hui à la Houghton Library de l'université de Harvard et accessibles aux chercheurs du monde entier. Plusieurs musées américains conservent des œuvres d'Anne Eisner. La reconnaissance de son travail ces dernières années aux États-Unis se trouve renforcée par la publication en 2020 de la première biographie de l'artiste par Christie McDonald, *The Life and Art of Anne Eisner: An American Artist between Cultures.*

L'étude du parcours d'Anne Eisner dans la colonie belge du Congo s'inscrit dans une nécessaire remise en contexte de la période coloniale et de la terminologie qui était d'usage à cette époque. Dans le présent ouvrage, nous nous sommes interrogées sur l'emploi du vocable pygmée. Le terme générique pygmée dérive du grec ancien et désigne surtout la stature physique. Il regroupe diverses populations d'Afrique centrale, chaque groupe portant un nom spécifique, dont les Aka, Baka, Efe et Mbuti. Le terme général véhicule aujourd'hui des connotations négatives, et est actuellement interdit d'usage par la loi en République démocratique du Congo. Toutefois, le recours à ce terme s'avère difficilement contournable puisque le mot pygmée était employé lorsque Anne Eisner vivait à Epulu.

En rappelant l'étymologie et l'historique du terme dans les pages qui suivent, nous l'utilisons dans la perspective historique de son emploi dans le discours occidental de l'époque coloniale.

Si Anne Eisner demeure une inconnue pour le public francophone, cet ouvrage entend lui donner la place qu'elle mérite au sein d'histoires croisées, qui n'ont jusqu'alors pas toujours dialogué. La trajectoire d'une artiste américaine dans la colonie belge du Congo, quelques années avant l'indépendance, interroge l'histoire des artistes voyageurs sur le continent africain, largement envisagé jusqu'alors sous le prisme des seuls artistes européens. C'est à Paris, là où Anne Eisner a approfondi sa formation artistique et où elle aimait se rendre dans les musées, qu'une part de son œuvre est révélée au public. Le musée du quai Branly - Jacques Chirac a acquis entre 2019 et 2021 treize peintures de l'artiste. Elles sont présentées dans l'exposition « Anne Eisner (1911-1967). Une artiste américaine au Congo », qui se tient du 4 avril au 3 septembre 2023 à l'atelier Martine Aublet au musée. L'exposition et le présent ouvrage apportent des clés de compréhension pour découvrir la vision singulière d'Anne Eisner qui s'exprime dans ses dessins, ses peintures et ses travaux à caractère ethnologique. À travers cette étude illustrée, nous souhaitons que ses œuvres, trop longtemps occultées, soient aujourd'hui reconnues et appréciées.

Préface

F. Abiola Irele

Cet ouvrage célèbre la vie et l'œuvre d'Anne Eisner, dont la décision d'abandonner une carrière prometteuse d'artiste en Amérique et son environnement familier de la Nouvelle-Angleterre pour aller vivre en Afrique donna lieu à l'un des épisodes les plus fascinants du développement du discours ethnographique sur l'Afrique. Nous savons, grâce à son livre *Madami*, que ce n'est pas seulement l'attrait de l'exotisme, ni une simple envie de « primitif », qui l'attira en Afrique, mais la puissante attraction exercée par la personnalité de Patrick Putnam, une figure charismatique dont elle voulait partager l'aventure africaine et qu'elle devait épouser peu après son arrivée au Congo, comme l'accomplissement nécessaire de sa passion pour lui. Mais comme le remarque Rosanna Warren dans sa contribution à ce volume, ce sentiment initial dirigé vers un individu singulier devait s'élargir à l'amour de tout un peuple et du mode de vie original qu'il en vint à représenter pour elle.

Il est inévitable de comparer l'expérience d'Eisner à celle de Paul Gauguin, qui quitta la France quelque cinquante ans plus tôt pour s'installer à Tahiti, où il réalisa ce qui est considéré comme son œuvre de maturité. Mais le parallèle ne va pas beaucoup plus loin. Nous avons peu d'indications sur l'intérêt que les Tahitiens présentaient pour Gauguin, au-delà du fait qu'ils servaient de sujets à son art. Nous savons en revanche qu'Eisner devait entrer pleinement dans la vie des gens parmi lesquels elle avait choisi de vivre et de travailler, et dont elle cherchait à capturer les gestes quotidiens dans son art. Son récit des huit premières années qu'elle passa parmi les Pygmées de la forêt de l'Ituri est un compte-rendu captivant du processus d'apprentissage qui l'a conduite à la compréhension intime qu'elle a acquise des Pygmées et de leur mode de vie. Le contexte colonial qui marqua sa relation avec eux, dans lequel elle jouissait nécessairement d'une position d'autorité et de prestige, n'a pas fondamentalement affecté sa vision du peuple, car Anne

Fig. 1 *Camp Putnam*, circa 1949 (Pl. 6, détail)

Eisner sut transcender la barrière de la race, de la langue et de la position pour créer un lien de relation humaine avec les Pygmées.

Il y a un sens fondamental dans lequel la forêt tropicale fonctionne comme le trope organisateur de la narration d'Anne Eisner, un trope qui devait recevoir une résonance supplémentaire avec *The Forest People* de Colin Turnbull. Sa compréhension des Pygmées était conditionnée par ses propres réactions immédiates au monde naturel dans lequel ils se trouvaient. Les détails qu'elle observe avec acuité sur la forêt tropicale et ses habitants constituent le cadre de son récit et en régissent l'atmosphère dominante. Les incidents qui marquent la progression de son récit, qu'ils soient tragiques et extraordinaires ou liés au cours ordinaire de la vie des Pygmées, font partie d'un schéma sans âge d'interactions entre les habitants de la forêt tropicale et un environnement sur lequel ils s'efforcent d'imposer leur volonté pour survivre. Les dangers qu'ils doivent affronter mettent d'autant plus en relief les triomphes qu'ils arrachent à l'environnement. À cet égard, le héros de son récit est Faizi, le chasseur d'éléphants, dont le portrait artistique orne opportunément le livre, car ses exploits sont au cœur de la description que fait Eisner de la vie et de l'expérience des Pygmées. La reconstitution par Christraud Geary de la conception de *Madami* témoigne de l'effort d'Anne Eisner pour maintenir un juste équilibre entre idéalisation et sensationnalisme grossier. Elle est ainsi capable de considérer la forêt tropicale comme un environnement auquel les Pygmées sont admirablement adaptés, et qui leur offre des ressources matérielles et spirituelles qui soutiennent leur existence collective : en d'autres termes, comme un univers déterminé au sein duquel se trouve leur être.

Le livre d'Anne Eisner fut conçu moins comme un ouvrage ethnographique que comme un témoignage personnel de la vitalité d'un peuple qu'elle apprit à connaître avec une certaine intimité. Mais comme l'observe Kay Kaufman Shelemay, son travail contribua à un développement majeur de la discipline, marquant le passage d'une préoccupation exclusive pour les attributs physiques de la population pygmée à un intérêt plus large pour leur organisation sociale et leurs pratiques culturelles. Comme le souligne Christie McDonald, une partie de l'intuition qui guida cet intérêt humain provient de l'engagement d'Eisner dans la vie des femmes, qui occupent une importance certaine dans son art ; en les dépeignant, elle donna forme à sa perception de la forêt tropicale en tant que lieu de vie familier. Son évolution en tant qu'artiste au cours de son séjour africain est commentée par plusieurs auteurs dans ce livre, et est bien démontrée par la progression de la toile de

1948 intitulée *Pygmy Camp* [Pl. 6] à l'évocation affirmative dans les couleurs primaires et les lignes audacieuses de *Ituri Forest IX* [Pl. 30] exécutée en 1960, après son retour aux États-Unis.

Le dernier passage de son livre indique qu'Anne Eisner avait l'intention de faire de la forêt tropicale du Congo sa résidence permanente, un souhait que les circonstances ne lui ont pas permis de réaliser. Nous ne pouvons que spéculer sur les directions qu'aurait prises son art si elle était restée en Afrique, ou si on lui avait accordé plus d'années de vie. Mais l'œuvre qu'elle a laissée derrière elle a une importance durable. En effet, le fait qu'Anne Eisner ait consigné son expérience dans la forêt tropicale du Congo non seulement en paroles, mais aussi sur le mode symbolique de l'art – en projetant cette expérience dans la double perspective du texte et de l'image – confère à son œuvre une signification particulière pour l'étude de la culture, qui repose en définitive sur la capacité de compréhension. Compte tenu de ce que nous savons de la relation ambiguë entre Colin Turnbull et Anne Eisner (abordée dans plusieurs chapitres du présent ouvrage), il est peut-être ironique que, dans le dernier hommage qu'il lui a rendu, Turnbull ait reconnu ce fondement humain essentiel de son œuvre : « L'une des plus grandes qualités d'Anne était son inépuisable générosité d'esprit. » La véracité de cette affirmation fut démontrée non seulement dans son livre, mais surtout dans son art.

Introduction : l'art et l'ethnologie d'Anne Eisner, 1946-1958*

Christie McDonald

En 1946, Anne Eisner, artiste peintre new-yorkaise, quitte sa ville pour le Congo belge, aujourd'hui la République démocratique du Congo, pays qu'elle connaissait peu alors, mais qui aura sur elle une profonde influence. Sa vaste sensibilité s'inspirait des œuvres d'artistes primitivistes comme Gauguin, Matisse, et Picasso, et d'écrivains tels que l'explorateur-journaliste Henry Morton Stanley et le romancier Joseph Conrad. Son départ surprit. Comment une femme de sa génération, artiste connue de surcroît, pouvait-elle quitter New York ? Elle avait en réalité fait la connaissance d'un homme fort charismatique, anthropologue peu orthodoxe pour un « brahmane » de la Nouvelle-Angleterre, dont elle était tombée amoureuse. Diplômé de Harvard en 1925, Patrick Tracy Lowell Putnam résidait au Congo depuis les années 1930, où il avait fondé, puis construit un village, le Camp Putnam, à la lisière de la forêt Ituri et proche de la rivière Epulu, dans le nord-est du pays. Séduite par les histoires que Putnam lui contait au sujet de la vie près des Pygmées, comme on les appelait à l'époque (cf. essai Christraud Geary, p. 131) – récits qui évoquaient en elle des images d'un peuple primitif dans une forêt tropicale paradisiaque – Eisner vendit par avance des tableaux afin de s'acheter un billet aller simple pour l'Afrique. En 1946, elle quitte donc New York avec Putnam, laissant derrière elle sa vie d'artiste new-yorkaise et tout ce qui lui était familier dans cette vie, pour aller vivre au Camp Putnam avec lui. En choisissant l'exil, ou plutôt l'expatriation, elle quittait l'Amérique au moment même où de nombreux migrants européens venaient s'y installer. C'était juste après la Seconde Guerre mondiale, et les mouvements d'indépendance en Afrique ne devaient commencer qu'une décennie plus tard. Eisner semblait en quête d'une liberté qui lui permettrait de s'inventer une nouvelle vie, mais elle ne pouvait imaginer ce qu'elle trouverait au Congo : des peuples d'origines diverses vivant sous le gouvernement colonial belge, et qui coexistaient tout en maintenant leurs

Fig. 1 *Washington Square*, 1935
(Pl. 2, détail)

propres traditions. Ses valeurs et les principes selon lesquels elle avait vécu à New York allaient être mis à l'épreuve du Congo ; ses changements de perspective allaient se traduire dans son ethnologie et son art.

J'ai commencé à étudier les contributions d'Anne Eisner à l'histoire de la région d'Epulu lorsque j'ai reçu, puis organisé ses archives, à partir des années 1980. Parallèlement à ce travail d'archiviste, je mène depuis lors des recherches, fort passionnantes par ailleurs, sur sa vie et sur son art[1]. Dans le monde colonial où elle vivait, Anne Eisner était excentrique, tant pour ses points de vue anthropologiques et artistiques que pour ses choix de vie et ses aspirations qui divergeaient des stéréotypes de l'époque (cf. essais Enid Schildkrout, p. 75 et Suzanne Blier, p. 103). Première femme blanche à séjourner pendant de longues périodes dans les camps des Pygmées Mbuti, qui chassaient tandis qu'elle peignait, elle a laissé d'abondantes notes ethnographiques et transcrit pas moins de 200 de leurs légendes. Anne Eisner s'est pleinement engagée dans la vie quotidienne des habitants de la région, qui lui accordaient leur entière confiance. Ainsi, ils lui ont confié le soin de trois bébés pygmées orphelins qu'elle a élevés durant quelques années au sein d'un réseau de « mères » qui comprenait des grands-mères, des tantes et des voisines. Eisner et Putnam, qu'elle a épousé en 1948, étaient respectés par les habitants de la région. Toutefois, à la suite d'une crise psychique et physique en 1952, Putnam détruisit presque tout ce qu'il avait construit au Camp Putnam depuis les années 1930, avant de mourir en 1953 à l'âge de 49 ans. Eisner, qui sauva ce qu'elle put du camp, retourna aux États-Unis en 1954 pour la publication de son ouvrage destiné au grand public, *Madami : My Eight Years Among the Pygmies*[2]. Elle revint à Epulu en 1957, afin de peindre et d'écrire un article pour *The National Geographic Magazine*, mais dut retourner à New York définitivement en 1958, à la suite d'un grave accident de la hanche. Le règne colonial belge prit fin deux ans plus tard avec l'indépendance proclamée en 1960.

L'histoire du Camp Putnam

En 1951, lorsque le futur anthropologue Colin Turnbull, qui rendra célèbres les Pygmées Mbuti en 1961, avec son best-seller *The Forest People*, rendit visite au Camp Putnam, ce dernier comprenait alors une auberge célèbre auprès des chercheurs, des célébrités, des touristes, des chasseurs et collectionneurs d'art africain. Si par la suite, Turnbull n'a pas reconnu ce qu'il devait à Eisner pour l'accueil qu'elle lui avait prodigué et pour le partage de ses propres recherches à Epulu, toujours est-il que tous deux abordaient l'anthropologie et les Pygmées dans une perspective esthétique plutôt que scientifique. Comme le montre Schildkrout (dans son essai, p. 75), l'importance de l'art visuel pour Eisner et de la musique pour Turnbull constituaient une rupture majeure dans le paradigme scientifique qui dominait à l'époque ; dans leurs travaux respectifs, ils détournaient l'attention accordée au corps indigène, selon une vision évolutionniste de l'humanité, vers des expressions culturelles propres aux Pygmées.

La petite histoire du Camp Putnam s'inscrit dans une histoire plus large de la colonisation belge au Congo, des années 1880 aux années 1960. Les rencontres personnelles et la construction d'une communauté y ont joué un rôle important. Après avoir exploré et conquis l'Afrique, les puissances européennes se sont partagé le continent, en traçant des frontières arbitraires à travers villages et territoires tribaux. En Afrique équatoriale, le roi des Belges Léopold II s'était constitué une colonie personnelle nommée « État libre du Congo » jusqu'en 1908, date à laquelle il dut la céder au gouvernement belge. Cette colonie est devenue le Congo belge. Après la Seconde Guerre mondiale, le gouvernement belge avait désigné certaines régions comme territoires dirigés par des administrateurs coloniaux belges et des chefs nommés par le gouvernement.

Le Camp Putnam constituait une communauté unique. Au milieu des années 1940, celle-ci comprenait trente-cinq familles de Pygmées (chasseurs-cueilleurs semi-nomades) et des villageois agriculteurs Bira qui s'étaient rassemblés pour vivre et travailler autour de Putnam. Celui-ci avait organisé le camp sur le modèle d'un « Dude Ranch », un ranch accueillant des vacanciers. Une campagne publicitaire en avait assuré la promotion auprès des visiteurs occidentaux [Fig. 1 ; Fig. 2]. Cette communauté, formée à l'origine par Putnam et les gens qui se rassemblaient dans et autour du camp, était extraordinaire par sa diversité. Des villageois-agriculteurs Bira et des Mbuti y vivaient, ces derniers se déplaçant entre la forêt et le camp.

Patrick Tracy Lowell Putnam avait étudié à l'université de Harvard de 1920 à 1925, avec une spécialisation en anthropologie. Après un voyage en Nouvelle-Guinée, il avait rejoint une expédition au Congo belge. Là, comme l'écrit sa biographe Joan Mark, sa vie alternait entre l'imprudence de risques encourus et le besoin de se faire soigner ; par exemple, blessé par un éléphant, il était tombé amoureux d'Abanzima, femme Mboli originaire de la région de Stanleyville (aujourd'hui Kisangani) qui l'avait soigné. Putnam décida alors de rester au Congo. Il avait suivi un cours à l'Institut de médecine tropicale Prince Léopold à Bruxelles en 1929, et était devenu agent sanitaire,

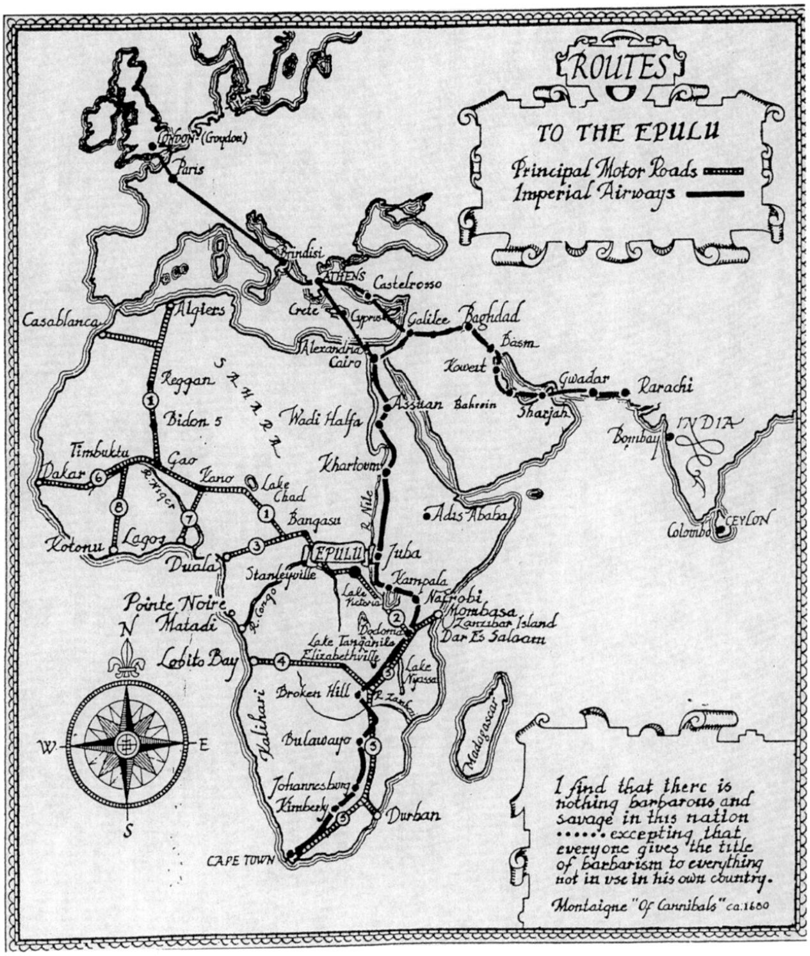

Fig. 2 Patrick Putnam, *Carte d'Epulu I*, années 1930, collection Houghton Library, Harvard University, Cambridge, États-Unis

ce qui lui permettait de travailler pour l'administration belge au Congo. Son comportement combinait résistance et familiarité envers la hiérarchie coloniale, qui contrariaient ses supérieurs. Ainsi, on l'avait démis de son premier poste à Penge pour avoir épousé plusieurs femmes africaines, s'être rebellé contre l'autorité, et avoir fumé de la marijuana – il a néanmoins fini par s'intégrer à la mission de santé au Congo.

Au cours des années 1930, lors d'une longue marche pour se rendre chez un dentiste, Putnam fut séduit par un site très isolé entre Stanleyville (aujourd'hui Kisangani) et la frontière ougandaise, dans le nord de la Province Orientale du Congo. Il s'y installa, au bord de la rivière Epulu, encore inaccessible par la route. L'eau coule abondamment, et depuis les rives on aperçoit la forêt tropicale de l'Ituri. Ayant obtenu un bail du gouvernement belge pour occuper trente-six hectares de terre agricole et deux hectares pour un hôtel, Putnam et Mary Linder, sa première femme blanche et américaine, firent construire une auberge, un terrain de tennis et

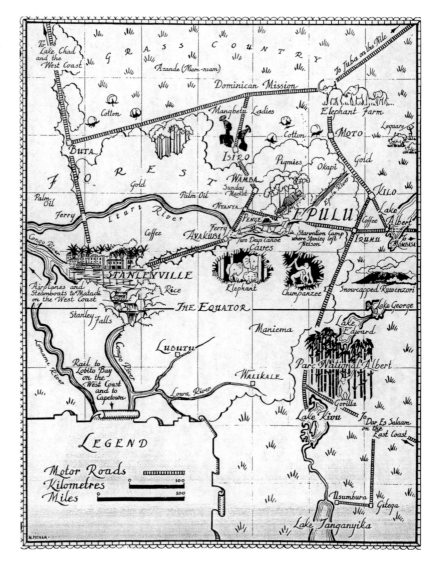

des bungalows. Avant et après la Seconde Guerre mondiale, les chambres d'hôte attiraient des visiteurs du monde entier. La grande pièce commune s'appelait « Le Palais » [Fig. 4]. Le surnom de cette magnifique pièce évoquait l'Ancien Régime et trahissait la position centrale qu'occupait Putnam ; autour d'elle se trouvaient l'auberge et deux bungalows ronds (les « rondavelles ») pour les clients, ainsi qu'un dispensaire de santé où l'on pratiquait des soins médicaux urgents mais rudimentaires, ainsi que des injections préventives pour la population locale [Fig. 5].

La région d'Epulu se situait au carrefour de plusieurs groupes culturels (Lese soudanique, Bira, Ndaka, Mamvu, BaNguana). Le rôle de Putnam au camp ressemblait à celui d'un chef de village. Un groupe de Pygmées l'avait suivi de Penge – fait exceptionnel – puis d'autres étaient

Fig. 4 Schuyer Jones, *Intérieur du Palais d'Epulu avec figure de gardien de reliquaire Kota (Gabon) placée sur une écorce battue*, collection Houghton Library, Harvard University, Cambridge, États-Unis

venus. Le camp était remarquable aussi pour sa composition multiethnique. Les Mbuti se considéraient comme partie intégrante de cette communauté, se déplaçant régulièrement entre les campements de chasse temporaires dans la forêt et leurs campements autour du Camp Putnam. Durant les premières années, Putnam prenait beaucoup de notes ethnographiques sur la forêt et la vie parmi les Mbuti. La plupart de ces notes ont disparu lors d'un accident en canoë. À l'exception d'un article, Putnam a préféré vivre sa passion pour l'anthropologie plutôt que de la coucher sur papier.

La fascination pour les Pygmées remonte à très longtemps. Vers 2270 avant J.-C., une expédition du pharaon Pepi II Neferkarê rencontra des personnes de petite taille vivant dans les forêts, que les Égyptiens appelaient Pygmées. Homère, Aristote et Hérodote les mentionnent comme appartenant soit à la légende soit à l'histoire. À partir du début du XXᵉ siècle, des voyageurs européens les rencontrèrent, et des anthropologues se sont intéressés aux aspects physiques, aux origines et aux relations des Pygmées à d'autres groupes ethniques. Putnam croyait que ce qui caractérisait les Mbuti n'était pas leur taille, mais leur mode de vie. Les Mbuti de cette région étaient

Fig. 5 Schuyler Jones,
Carte d'Epulu en 1952,
révisée par Caleb
Shelburne

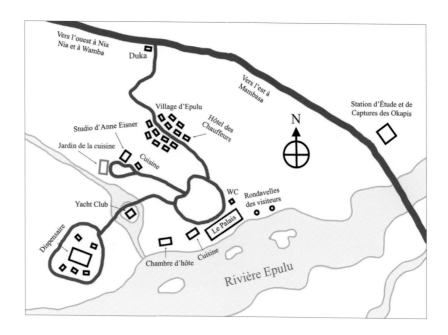

des chasseurs-cueilleurs, qui échangeaient de la viande et du miel contre des produits agricoles, comme le plantain, cultivé par des fermiers villageois. Le rapport entre la population de la forêt et les agriculteurs qui n'y vivaient pas a suscité des discussions historiques et anthropologiques sur la dépendance des Mbuti aux villageois.

Après l'invasion de la Belgique et de la France par les troupes allemandes en 1940, Putnam s'est intéressé à la science et à la production de caoutchouc pour les Alliés au Congo. L'exploitation du caoutchouc et le travail forcé au Congo dataient de la fin du XIXᵉ siècle. Les pires aspects de la longue histoire de l'extraction du caoutchouc – châtiments corporels violents, mutilations et mises à mort – étaient connus[3]. Le travail forcé a continué pendant et après la guerre. Putnam, toutefois, a nié publiquement sa connaissance des atrocités contemporaines commises contre les travailleurs africains. Il a dirigé à Stanleyville un projet pour la production de caoutchouc sauvage, en expérimentant des méthodes indigènes de collecte, puis a publié un article sur le sujet; on le consultait sur la science et l'éthique des collectes[4]. Durant une certaine période, il a exprimé des opinions troublantes et contradictoires combinant soutien à l'impérialisme pro-allemand et anticolonialisme. Mais il n'a jamais cessé de dénoncer la barrière raciale au Congo. À la fin de la guerre, Putnam avait changé de point de vue. Il défendait désormais les Alliés et s'opposait à Hitler[5]. Enfin, durant l'été de 1945, aux États-Unis, il rencontra Anne Eisner, une jeune femme juive de New York [Fig. 6], à Martha's Vineyard, une île du Massachusetts.

Formation et vie artistique d'Anne Eisner

Née en 1911, Anne Eisner avait été formée dans la tradition renouvelée du mouvement American Scene des années 1930[6]. Elle avait étudié les beaux-arts à la Parsons School of Design : Fine Arts et à la Art Students League of New York, et avait été particulièrement inspirée par deux artistes émigrés allemands, George Grosz (1893-1959) et Emil Holzhauer (1887-1986). Grosz (peintre, dessinateur, illustrateur) créait des caricatures satiriques et, sous son influence, Eisner a exploré des aspects de la vie quotidienne américaine. Dans sa peinture à l'huile, comme dans ses aquarelles, elle évoquait des scènes urbaines. Elle les documentait comme commentaire social – Daumier, Balzac et Zola fournissaient des précédents. L'artiste Louis Finkelstein (1923-2000) voyait deux directions dans l'œuvre d'Eisner, l'une allant vers le documentaire (Pl. 2 *Washington Square*, par exemple) et l'autre vers une synthèse. Ses modèles étaient autant européens qu'américains.

Anne Eisner a présenté ses œuvres régulièrement durant les années 1930, dans des expositions et autres sites tels que l'Exposition universelle (1939-1940), le Art Institute of Chicago, le Museum of Modern Art (MoMA), le Whitney Studio Club and Galleries, ainsi que dans des expositions en plein air à Washington Square [Fig. 7]. Au début des années 1940, sa première exposition solo fut bien accueillie par les critiques et louée dans *The New York Times* pour la « charge émotionnelle […] de son réalisme combinée à une interprétation personnelle convaincante ». Elle alternait, dans son travail de ces deux décennies, entre des scènes de ville et des paysages de campagne estivaux (l'île Martha's Vineyard, l'île Monhegan, Cape Cod, et pendant un été l'État d'Oregon). De ses premières aquarelles jusqu'à ses dernières œuvres, Eisner a souvent pris comme sujets des groupes d'arbres, afin d'explorer leur espace particulier. La structure surplombante créée par les arbres s'est déplacée du sacré au plus humain, existentiel, et même abstrait dans ses aquarelles et tableaux tardifs. Elle n'a jamais transformé des figures en arbres, comme l'a fait Alberto Giacometti, mais la forêt a évolué à travers son travail comme le lieu esthétique par excellence pour comprendre et résoudre les problèmes complexes de la vie.

Le grand-père juif d'Anne Eisner, Moritz Eisner, quitta la ville de Vienne en Autriche pour New York, en 1848. Héritiers d'une culture européenne, les Eisner ont adhéré à la New York Society for Ethical Culture, fondée par Felix Adler en 1876. La philosophie adlérienne situait le rapport entre l'individu et la société dans une éthique dont le principe n'était ni religieux ni métaphysique : elle prônait la possibilité d'une vie morale sans théologie. Centrée sur l'importance des principes éthiques dans une démocratie supposée effacer les inégalités entre riches et pauvres, elle proposait une troisième voie entre le christianisme et le judaïsme. Les parents d'Eisner étaient des Juifs de la deuxième génération qui devaient faire face au dilemme de l'assimilation : comment s'intégrer dans une société américaine de plus en plus excluante et fermée à cette époque ?

La pensée d'Eisner s'est formée pendant les deux guerres mondiales. Elle arriva à maturité après le krach de 1929, au moment où l'intelligentsia new-yorkaise se radicalisait politiquement. Parmi ses amis se trouvaient Max et Eliena Eastman, Tess Slesinger, Herbert Solow, Lionel et Diana Trilling, Margaret De Silver et Carlo Tresca, ainsi que son beau frère John McDonald, qui tous, pendant la Grande Dépression, participaient d'une manière ou d'une autre au débat sur le communisme et le socialisme comme possibilités d'améliorer le monde. Margaret De Silver, une philanthrope activiste dont le premier mari Albert De Silver cofonda l'American Civil Liberties Union, tenait un salon où avaient lieu des dialogues politiques

Fig. 7 Photographe inconnu, *Anne Eisner durant une exposition en plein air à Washington Square, circa* 1936

passionnés. Après le décès prématuré de son mari, De Silver vécut avec l'italien antifasciste Carlo Tresca. Ils aidèrent les exilés du régime fasciste de Franco durant la guerre civile en Espagne entre 1936 et 1939, et quelques années plus tard, elle soutint le groupe des Américains qui se rendirent au Mexique en 1937, avec la Commission Dewey, pour assurer à Léon Trotski un procès juste[7]. Trotski avait prévenu Tresca des dangers russes : Trotski fut assassiné en 1940, et Tresca en 1943 (un meurtre toujours pas résolu).

Anne Eisner a contribué artistiquement à ces discussions en peignant un portrait de Tresca (vers 1941), tout comme sa sœur, Dorothy Eisner, elle aussi peintre, qui avait réalisé deux portraits de Trotski et un tableau de la Commission Dewey à Coyoacán offert en cadeau à Margaret De Silver pour son soutien du groupe autour de Dewey. Les portraits de Tresca et Trotski se trouvent à la Houghton Library, celui de la Commission au Centre Dewey, à l'université de l'Illinois du Sud.

Consciente de sa position de femme artiste, Eisner a exposé régulièrement dans des institutions et associations artistiques, comme les expositions annuelles de la National Association of Women Artists (qui lui a d'ailleurs décerné plusieurs prix). Elle a été élue au Conseil d'administration de l'Art Students League of New York de 1940 à 1943, et elle a fait également partie des membres fondateurs de la Federation of Modern Painters and Sculptors, au moment de la séparation d'avec l'American Artists' Congress. L'ACC avait été établi en 1936 comme réponse à la demande du parti communiste américain et du Front Populaire pour manifester contre le fascisme[8]. Mais quand l'ACC décida de soutenir l'invasion de la Finlande par la Russie en 1939, une défense implicite de la position de Hitler, un groupe d'artistes a signé une déclaration contre cette politique. C'est ainsi qu'Anne et Dorothy Eisner, Milton Avery, Adolph Gottlieb, Mark Rothko et d'autres, ont fondé la Federation of Modern Painters and Sculptors. Eisner en est restée membre et a contribué aux expositions durant toute sa vie. La formation esthétique d'Anne Eisner s'est développée aussi grâce à deux voyages en France, à sa collaboration avec ses contemporains, et à son accès à l'art dans la ville de New York. En 1941, elle a partagé une maison à Martha's Vineyard avec un jeune photographe, Aaron Siskind, qui expérimentait de nouveaux principes esthétiques. Siskind a photographié Eisner soulignant le grain du bois flotté, du sable, des rochers (cf. essai Christie McDonald, p. 45). Il a également photographié entre 1942 et 1945 une série importante de tableaux peints par Eisner. Siskind commençait alors à faire une transition du réalisme social des années 1930 à son travail surréaliste, plus personnel, abstrait, et pictural plus tard[9]. Du dialogue artistique entre Eisner et Siskind, on peut retirer un rejet de la représentation comme vérité simple. Pour eux, l'art était toujours une construction avec et contre le réel.

Eisner se considérait comme une artiste américaine, même si elle connaissait bien la longue tradition de grands maîtres, en particulier des peintres français du XIXe et du XXe siècle : de Cézanne à Matisse, en passant par Gauguin et Picasso, entre autres. Déjà à l'âge de 20 ans, en 1931, elle écrivait depuis Monhegan : « Demain je compte au moins composer en vitesse un John Marin. Jeudi, un Cézanne, juste pour montrer ma polyvalence[10]. » Comme le note Finkelstein, cette versatilité artistique englobe la représentation de l'atmosphère d'un lieu, le commentaire social, la décoration et l'abstraction (cf. *Commentaire*, p. 163). Au début de sa carrière, Eisner signait avec aplomb ses tableaux « Anne », d'après « Vincent » (la signature de Van Gogh). Des critiques ont apprécié l'audace indomptée de sa signature, en le rappelant dans plusieurs comptes-rendus. Lectrice avide, Eisner possédait le catalogue de l'exposition rétrospective de Picasso au Musée d'Art Moderne à New York, dans lequel il a écrit : « Nous savons tous que l'art n'est pas la vérité. L'art est un mensonge qui nous fait prendre conscience de la vérité, du moins de la vérité qu'il nous est donné de comprendre… À partir des peintres des origines, les primitifs, dont le travail diffère bien sûr, jusqu'aux artistes qui, comme David, Ingres, et même Bouguereau qui croyaient à la peinture d'après nature, l'art a toujours été l'art et non la nature[11] ». Autrement dit, l'art, et en particulier l'art primitiviste, dépend moins de la perception et des sens que d'un désir de refaçonner le réel par l'invention.

L'art primitif à New York

En 1935, le Museum of Modern Art (MoMA) a organisé une exposition majeure intitulée « African Negro Art ». L'exposition rassemblait des sculptures de plusieurs pays africains, issues de collections européennes et américaines, dont celles de Tristan Tzara et Henri Matisse. Le musée avait commandé à Walker Evans des photographies de l'exposition, qui présentait les objets en tenant compte de leurs « qualités formelles, artistiques et abstraites, non pas en tant que spécimens ethnographiques tels qu'on les présentait à l'époque[12]. » Le but de l'exposition était didactique : l'enseignement de l'art africain. Déjà en 1914, la galerie d'Alfred Stieglitz avait monté une exposition intitulée « Statuary in Wood by African Savages : The Root of Modern Art », suivie immédiatement d'une autre exposition qui juxtaposait (comme d'autres le feront plus tard) des sculptures africaines avec des œuvres de Picasso et de Braque, afin de renforcer leur rapport à l'art moderne. L'usage regrettable du mot « sauvage » (non analysé jusqu'aux années 1950) voulait probablement dire pour Stieglitz ce qui semblait en fait une source vitale pour l'art européen, c'est-à-dire l'art spontané et non encore civilisé. Son appréciation se basait sur des critères esthétiques et formels, plutôt que sur les contextes d'origine. Barr les reprendra dans une exposition en 1936, « Cubism and Abstract Art », au MoMA.

La juxtaposition centrale qui met sur le même pied l'art lointain, tant temporel que spatial (origines et exotisme), et l'art moderne constitue l'esthétique primitiviste. L'appréciation esthétique remplaçait le modèle historique darwinien, sur lequel certains aspects de l'anthropologique physique et du colonialisme se sont basés, où les soi-disant peuples « avancés » pouvaient donc, d'une part comprendre, et d'autre part enseigner afin de « civiliser » les peuples moins « avancés ». Harry Shapiro, conservateur au département d'anthropologie à l'American Museum of Natural History de New York, soutient que la légitimation de l'art primitif arrivait quand « les traditions classiques de l'art de l'Ouest [étaient] affaiblies […] au moment où on adoptait de nouveaux canons. Ce n'est pas sans importance que l'art primitif, quoique accessible aux artistes européens depuis l'âge des découvertes et accessibles aux musées ethnographiques depuis 150 ans, n'a été découvert à Paris qu'au tournant du [vingtième] siècle[13] ».

La vie en Afrique après la Seconde Guerre mondiale

Anne Eisner est arrivée en Afrique dans une période de changement d'attitudes des puissances coloniales envers leurs colonies. Là où il y avait eu fierté, une justification de l'occupation semblait nécessaire. Durant la guerre, l'Afrique avait été d'une importance économique dans la stratégie des Alliés : par exemple, Freetown en tant que port en eau profonde, Port Harcourt, et à l'intérieur des villages comme Kano, ont servi d'étapes pour des campagnes en Afrique du Nord. Pierre Ryckmans (1891-1959), gouverneur général du Congo pendant la guerre, au moment de prendre sa retraite, a recommandé des réformes politiques et économiques coloniales afin d'inclure la participation des Africains. La Commission pour la protection des indigènes fut fondée en 1947. Mais en pratique, les mauvaises habitudes du passé ne se sont pas effacées. En effet, les chefs locaux ne pouvaient agir comme pères-protecteurs, mais travaillaient plutôt pour l'administration coloniale en imposant ses lois et en prélevant des impôts. En 1948, on adopta un plan sur dix ans pour l'expansion économique au Congo, qui comprenait des primes pour le développement agricole, l'éducation et la santé.

Anne Eisner avait quitté les États-Unis avec Patrick Putnam le 28 juillet 1946, à bord du cargo Freetown, avec les escales suivantes : Las Palmas (îles Canaries) ; Dakar (Afrique de l'Ouest) ; Freetown (Sierra Leone) ; Monrovia et les plantations Firestone (Libéria) ; Takoradi (Côte-de-l'Or, maintenant Ghana) ; Lagos (Nigeria) ; Douala (Cameroun français), et Victoria (Cameroun britannique, aujourd'hui faisant partie du Nigeria et du Cameroun) ; et enfin Port Harcourt (Nigeria). Ces ports de l'Afrique de l'Ouest ont introduit Eisner en Afrique. Elle s'était par ailleurs remise à l'apprentissage du français pour préparer son arrivée au Congo belge. Dès les premiers villages qu'elle a visités, Eisner a cherché des coopératives d'artistes, et des artistes qui fabriquaient des masques, car elle était fascinée par tout ce qui était sculpté sur du bois. Avec Putnam, elle a rencontré des sculpteurs et parcouru des marchés, et ils ont commencé à collectionner en équipe : dans tous les villages, Putnam savait comment trouver des artistes et des artisans. Schildkrout décrit en détail comment ils ont développé leurs collections (cf. essai p. 75).

Eisner avait formé son goût artistique avant d'arriver en Afrique, mais en tant que touriste, elle cherchait ce qui n'était pas familier. À Lagos, à Awka, et à Bénin city (Nigeria), là où elle avait rencontré des sculpteurs dont elle trouvait les talents merveilleux, elle critiquait l'influence européenne sur l'art africain comme « trop figurative[14] ». Ses effets, croyait-elle, étaient « mortels », parce qu'ils enlevaient « tout l'art, en ne laissant que des objets commerciaux habiles, qu'ils vendent, j'imagine, comme des petits pains, sinon on ne les verrait pas si répandus[15] ». Eisner et Putnam se réjouissaient des rencontres qui combinaient art et anthropologie : à Port Harcourt et Douala, on leur a présenté entre autres des collections privées de masques, figures sculptées en ivoire et en ébène, ainsi que des tambours.

Ils demandèrent à plusieurs sculpteurs, à Ikot Ekpene et à Port Harcourt en particulier, de reproduire des masques qu'ils avaient achetés. « Puisque la plupart des masques que nous avons achetés sont faits par des sculpteurs contemporains, je me demande souvent si cela ne serait pas une bonne idée de trouver des subventions pour ces gens doués et accomplis[16]. » Eisner admirait leurs techniques, utilisant des outils aussi variés que machettes et couteaux. Elle notait soigneusement tout ce qu'elle observait dans les lettres qu'elle envoyait régulièrement à sa famille. Si elle appelait l'enthousiasme qu'elle avait pour les masques sa « manie de collectionneuse », elle apprit vite les règles sur l'achat des objets. À Ikot Ekpene, Eisner s'est également rendue à la Guilde de Raphia, fondée en 1942, «qui ressemble à une coopérative de cinq cents membres» et elle a découvert comment l'ancien et le nouveau, le local et le global, coexistaient même pour leurs métiers à tisser. «Une partie du tissage se fait sur d'anciens métiers, mais le gouvernement britannique […] a investi largement dans des métiers à main, et un Anglais dirigeait le tissage de petits tapis et sacs très bien faits[17].» Elle s'enchantait des juxtapositions où «l'indigo gracieux ou la mousseline écrue des Hausas» prenaient place à côté des tissus manufacturés en Angleterre.

Après avoir quitté Port Harcourt, ils passèrent de village en village dans leur vieille voiture, pour s'arrêter enfin à Kano, au Nigeria, après six mois de voyage très lent. Là, Eisner put reprendre la discipline de son travail, en réalisant des croquis quotidiens et en peignant des aquarelles de sujets variés, y compris la construction des pyramides de sacs d'arachides [Pl. 3, Kano, 1947; Pl. 4 Kano Peanut Pyramids, 1946].

Ensuite, après neuf mois de voyage sur une route sinueuse d'Afrique-Équatoriale française (en passant par le lac Tchad, Maroua et la partie intérieure du Cameroun français, Bangui – en Afrique-Équatoriale française, maintenant République centrafricaine –, et en longeant le fleuve Congo et son affluent majeur, la rivière Oubangui), ils arrivèrent à Libenge, au Congo, proche du Congo belge. À quelques jours de l'arrivée au Camp Putnam, Putnam découvrit que son passeport avait expiré, et ils furent obligés de rester à Libenge pendant quatre mois, en attendant qu'un nouveau document lui fût délivré. C'est alors qu'Eisner apprit pour la première fois qu'elle allait partager sa vie avec les femmes africaines de Putnam, dont il ne lui avait encore pas appris l'existence auparavant[18]. La vie touristique avait pris fin: la vie au Camp Putnam allait commencer.

L'arrivée au Camp Putnam

Le long séjour à Libenge a permis à Eisner d'absorber le choc de ce qui l'attendait, et de se préparer pour l'arrivée au Camp Putnam. Putnam était un bon metteur en scène. Quand ils arrivèrent, la lune était à son plein. Au village et dans la forêt, on avait passé le message que Putnam était de retour, et à l'approche de l'embranchement de la route qui mène au camp, il se mit à klaxonner. Des gens criaient de joie: «Putnami est là! Putnami est là!» Eisner a écrit: «Entre deux arbres massifs, avec seulement la lune et quelques petites lampes-tempêtes, on pouvait voir une arche de fleurs rouges et de campanules blanches, le tout comme une composition inouïe.» Après une hésitation dans la voiture, se sentant intimidée devant tout ce monde qui accueillait Putnam, elle a commencé à se présenter et à serrer la main à tous ceux qui constituaient sa nouvelle communauté. Le Palais [Fig. 4] était à la fois austère et élégant : « Quand vous entrez dans la pièce [...] la première chose que vous observez est le feu, avec des chaises confortables en osier, puis le mur opposé avec deux portes et [...] une fenêtre sans verre, [...] une vue sur de grands bananiers, la rivière, des plantes grimpantes, [...] qui se rassemblaient pour former un tableau entier, avec des arbres sur l'autre rive en arrière-plan[19]. » Elle trouva immédiatement la forêt bien plus splendide qu'elle n'avait pu l'imaginer. Eisner prendra comme sujet de ses œuvres à venir l'immense variété des perspectives et des couleurs ; de la lisière à l'intérieur, du tapis forestier jusqu'à la voûte qu'elle formait au-dessus.

L'abstraction

Maintenant qu'elle vivait à la lisière d'une forêt tropicale qui allait devenir un des sujets principaux pour elle, Eisner se mit à réfléchir aux débats à New York autour de l'abstraction, et ce qu'ils pouvaient lui apporter. Rejetant l'abstraction géométrique, elle écrit : « Quand je fais un croquis et que je regarde un bananier [Fig. 8], il contient une forme des plus belles. Une feuille se balance avec une autre. Mais il y a plus que l'abstraction mortifère. Il vit, contient la sève, offre des bananes à manger, ainsi que des feuilles qui protègent de la pluie. Il n'y a rien de stérile. Tout dans l'art nécessite le meilleur de l'abstraction, mais pour moi l'abstraction n'est pas seulement la science et les mathématiques, même si elles jouent un rôle évidemment. Tout comme elles jouent un rôle dans nos vies, qu'on le veuille ou non. » Ce qui lui importait était sa propre réaction émotive : « J'ai des sentiments et des humeurs, et je suis une créature à sang chaud. Voilà ce qui pour moi est tout aussi important et intéressant, et cela m'est égal si mes tableaux sont ou ne sont pas abstraits, et ce serait bête de ma part si j'essayais consciemment de faire de l'abstraction juste parce que c'est la dernière mode. » En disant cela, elle pensait au primitivisme : « Je pense de même quant à l'idée de devenir primitif sous l'influence de l'art africain, qui m'entoure en ce moment, qui me ravit et que j'adore. Qu'il devrait m'influencer, oui – mais ma vie est tellement différente de la leur et ma compréhension si limitée que c'est bien plus qu'une difficulté langagière[20]. » Autrement dit, de l'admiration des œuvres qu'elle avait collectionnées à l'intégration des leçons qu'elle pouvait en retirer il y avait un grand pas : elle prévoyait déjà que le processus de compréhension des cultures dont émanaient ces objets allait prendre du temps. Elle

Fig. 8 *Bananas, circa* 1949, huile sur toile, 61 × 40,5 cm

reconnaissait ses limites et les limites de ce qu'elle savait. La suite – dont certains primitivistes n'avaient pas bénéficié – viendra plus tard, en vivant une vie multiculturelle à Epulu et en prenant des notes ethnologiques sur les Pygmées. Isolée d'autres artistes, dans un environnement qu'elle commençait tout juste à comprendre, elle s'est fait construire un studio à part. En se rappelant Virginia Woolf, Eisner écrit: « Le fait d'avoir une chambre à soi où travailler est quelque chose de particulier[21]. » Ce qui allait lui permettre de se retrouver en tant que peintre à Epulu. [Fig. 10].

Peindre (dans) l'Ituri

La « magie » du moment de l'arrivée avec Putnam ne dura pas longtemps avant de se transformer en crise, puisque Eisner n'était préparée ni par sa culture ni par son tempérament à coexister avec les femmes africaines de Putnam. À la différence de sa deuxième femme blanche, Emily Baca, qui ne resta que quelques mois, Eisner fut résolue à rester et à s'intégrer. « Je peux bien me débrouiller seule en Afrique » écrit-elle[22]. Durant les absences assez longues de Putnam, qui cherchait des possibilités de commerce, Eisner passait du temps dans les camps de chasse des Pygmées, où elle peignait. Quand enfin, après des absences et des tractations[23], elle décida de se marier avec Putnam et de vivre en permanence à Epulu, c'était parce que – malgré des difficultés et des compromis culturels et personnels – cette vie extraordinaire lui convenait comme rien auparavant. Elle fréquentait souvent la forêt avec des Mbuti, ce que Putnam, en dépit de ses connaissances profondes, n'avait jamais fait. Pendant que les Mbuti chassaient avec des filets, Eisner faisait des esquisses ou peignait sous le regard de ceux qui restaient dans le campement temporaire [Fig. 9].

Beaucoup de peintres africanistes en voyage au Congo ont eu des difficultés avec la lumière en Afrique et ont résolu le problème en utilisant la couleur, pour ses valeurs affectives[24]. Eisner aimait tout particulièrement le jaune clair et la brume bleu ciel qui semblaient couvrir tout dans la forêt, et dans ses œuvres du début, jusqu'à celles plus tardives, elle a intégré des motifs de lumière et d'ombre. Elle apprenait aussi ce que voulait dire vivre

collectivement. Dans le tableau qu'elle surnommait «The Washington Square of the Pygmies» [Pl. 6 *Pygmy Camp*] parce qu'il rappelait dans sa composition celui fait à New York, *Washington Square* [Pl. 2], elle évoque le sens d'une vie communautaire dans la forêt. Durant cette période initiale d'engagement avec la vie «pygmée», elle a appris également à gérer l'auberge. Elle se sentait libre d'une tout autre façon en l'absence de Putnam qu'en sa présence. Une fois mariés en 1948 à Léopoldville, Eisner et Putnam sont retournés au Camp Putnam en prenant leur temps et en continuant de développer leurs collections d'objets africains.

À partir de 1950

L'année 1950 a marqué le début de la guerre en Corée, le triomphe du communisme en Chine, le développement de la première bombe à hydrogène, ainsi que la chasse aux sorcières menée par le sénateur américain McCarthy contre des Américains soupçonnés par le House Un-American Activities Committee, et accusés d'être des sympathisants du communisme, incluant beaucoup d'artistes et d'intellectuels. Cette année-là, Eisner est retournée à New York, où elle a éprouvé un choc culturel. Où se situait-elle maintenant? Où était son chez-soi? Quelle était son identité?

Le monde de l'art avait changé radicalement durant son absence entre 1946 et 1950. Les deux mouvements les plus remarqués à l'intérieur de l'expressionnisme abstrait étaient la peinture gestuelle et la peinture en champs de couleur. À travers leurs expériences d'expressionnisme abstrait, Adolph Gottlieb et Jackson Pollock exploraient des mythes, alors que Mark Rothko et Barnett Newman cherchaient l'universel. Henri Matisse, Milton Avery et Pierre Matisse mettaient la couleur au centre de leurs œuvres. Au-delà de la figuration, ces peintres de champs de couleur ont transformé le contenu en couleur, se basant sur l'émotion plutôt que sur le jeu de la forme. Eisner partageait avec ces artistes la révision du rapport entre profondeur et surface. Elle peignait de larges espaces de couleurs, déconnectés de l'observation quotidienne, afin d'explorer la manière dont la couleur permet d'exprimer des émotions; c'était pourtant le niveau humain qui l'intéressait plutôt que le transcendantal ou l'universel auxquels aspirait Rothko. Ses œuvres sont restées picturales, en gardant un sujet jusqu'à sa dernière période de travail à Cape Cod et dans le Maine. L'année 1950 à New York a marqué en effet un tournant pour le mouvement de l'expressionnisme abstrait. Rothko, Gottlieb, et Newman ont exposé en janvier; Hans Hofmann, Franz Kline, aussi bien que Pollock et Willem De Kooning plus tard la même année[25]. New York est devenu le centre du monde artistique. Cette ville n'était pourtant plus le centre pour Eisner: sa vie et son travail au fin fond du Congo lui ouvraient une nouvelle voie. L'année 1950 en Afrique a marqué aussi le début d'une ère historique qui allait tout changer dans le monde colonial.

En 1951, les habitants de la région d'Epulu ont manifesté leur confiance en Eisner et en Putnam en leur amenant trois bébés orphelins de mère. Eisner et Putnam les ont appelés William J. (nom du père d'Eisner) Kokoyou (qui veut dire « celui qui est seul »), Katchelwa et Ndeku. Le chef du territoire des Babombi, nommé par le gouvernement belge, avait signé une feuille de route qui accordait l'autorisation suivante : « La personne nommée Kapapela est autorisée à amener un petit bébé à Monsieur Putnam qui le fera élever par les Mères. » Signé Hamadi Koki, 2/14/51, chef des Babombi[26]. Un parent du village Koki, Kapapela, avait marché vingt-deux kilomètres avec le bébé jusqu'au Camp Putnam. Par la suite, durant plusieurs années, Eisner a pris soin de ces enfants dans un réseau de mères, grands-mères, tantes, pères et autres, qui fonctionnait comme une grande famille étendue dont elle faisait partie à leurs yeux et aux siens. Ces enfants ont été les seuls qu'elle ait jamais eus.

À la fin de cette même année, Putnam ne pouvait plus se lever du lit, assiégé par plusieurs maladies, dont la plus évidente et débilitante était l'emphysème. En 1952, il souffrit aussi d'une dépression nerveuse grave ; il rejetait Eisner et commençait à devenir violent. Les gens du Camp Putnam accordèrent dès lors leur confiance à Eisner, et après le décès de Putnam, en décembre 1953, à l'âge de 49 ans, elle devint ce que depuis un an elle était déjà : la responsable à la fois du Camp Putnam – qui n'avait jamais été un projet lucratif – et de son économie. Eisner s'était identifiée avec les Pygmées, qui lui semblaient plus libres et créatifs dans leurs manières de s'adapter au monde, mais elle avait dû assumer la responsabilité du camp quand Putnam ne pouvait plus le faire. Elle cherchait à trouver des solutions aux conflits quotidiens par consensus, en tentant jusqu'à un certain point de niveler sa position privilégiée comme personne blanche, même si des facteurs historiques faisaient obstacle à ses efforts.

La peintre belge Marthe Guillain passa quelques séjours prolongés au Camp Putnam, et sa

Fig. 12 Colin Turnbull, *Anne Eisner avec William J. Kokoyou*, 1953, collection Houghton Library, Harvard University, Cambridge, États-Unis

présence rendit la vie moins pénible durant la période très difficile qui précéda et suivit le décès de Putnam. Il y avait eu des peintres belges au Congo, et Eisner avait fait la connaissance de certains, mais Guillain était la seule avec qui Eisner s'était liée d'amitié. Marthe Guillain est née en 1890, et après avoir servi comme infirmière durant la Première Guerre mondiale, elle a vécu à Paris. Elle y a fréquenté des peintres comme Fernand Léger, Chaïm Soutine, Suzanne Valadon, Maurice de Vlaminck, Paul Signac, et d'autres. Elle avait dépassé le fauvisme en innovant par une figuration qui intégrait son intérêt pour l'abstraction et l'expressionnisme. Ses œuvres furent exposées à Paris et à Bruxelles. Elle passa un an et demi au Congo. Les deux peintres s'encourageaient mutuellement. Elles assistèrent ensemble à un mariage « pygmée », qui inspira à Guillain un triptyque de danseurs et musiciens (maintenant au sein de la collection des Musées royaux des Beaux-Arts de Belgique, à Bruxelles). Les tableaux ultérieurs d'Eisner en 1956 dialoguent avec ceux de Guillain, par exemple *African Beauty Salon* [Pl. 27], ainsi que la série extraordinaire des arcs musicaux [Pl. 13-15], dont parle Kay Shelemay dans son chapitre [p. 151].

Retour à New York, 1954 : publication du livre *Madami* et collections au musée de l'AMNH

Après avoir fait le choix de quitter New York en 1946 pour vivre dans la forêt Ituri, Anne Eisner prit la seconde décision la plus difficile de sa vie lorsqu'elle retourna à New York en 1954, après s'être promis de revenir un jour à Epulu. Bien que la décision ait été personnelle, elle pressentait en même temps que les changements au Congo allaient finir par l'obliger à partir. Aimé Césaire avait dénoncé la fusion des termes « civilisation » et « colonisation » : si « l'échange est ici l'oxygène » des civilisations, le moyen qui devait permettre le mélange des cultures et des peuples, « la colonisation a-t-elle vraiment mis en contact [des civilisations][27] ? ». Sa réponse est un « non » ferme. La réponse d'Eisner n'aurait pas été si ferme. Elle avait vécu des échanges véritables avec les communautés d'Epulu, carrefour de peuples et de cultures, même si ces échanges avaient pris place sous la domination coloniale, qui allait bientôt prendre fin. À l'approche de l'indépendance en 1960, Patrice Lumumba avait reconnu que Putnam et Eisner étaient devenus des « Africains, non pas des étrangers[28] ». Eisner s'était rendu compte bien avant qu'il valait mieux se retirer, plutôt que d'essayer de prolonger un système oppressif de plus en plus intenable. Elle était venue pour y vivre, mais cela ne pouvait pas durer. Pourtant, si on ne la considérait pas comme étrangère à Epulu, elle se sentit comme telle de retour à New York.

Le livre d'Eisner, *Madami*, écrit avec Allan Keller, est sorti au moment où elle est arrivée à New York. Il s'agissait en principe des mémoires de sa vie au Camp Putnam. Mais les corrections qu'elle avait demandées n'y avaient pas été insérées, et elle n'avait pas pu voir les épreuves (le courrier étant trop lent entre New York et Epulu). Elle avait insisté auprès des éditeurs sur le fait qu'il fallait à tout prix éviter des expressions comme « darkest Africa » (Afrique ténébreuse), « brave adventurers » (aventuriers courageux), « steaming jungles » (jungles torrides). Le pire pour elle était la photographie la représentant sur la quatrième de couverture : on la voit stéréotypée en grand, à côté d'un petit « Pygmée » [Ch. Geary, p. 145]. En dépit de son désir de dévoiler la vie authentique des Mbuti d'Epulu, elle n'avait pas révélé ce qui constituait aux yeux du public américain les côtés les plus insolites de sa vie, notamment sa coexistence avec d'autres femmes de Putnam ; nulle part on ne trouvait trace de ces expériences. Les éditeurs tissaient le récit non seulement à partir des lettres d'Eisner, mais aussi en puisant dans la tradition des images de l'Afrique (comme le montre Christraud M. Geary, cf. p. 131) d'une part, et d'autre part en exploitant une certaine image de la femme américaine durant les années 1950, tout cela pour attirer un public lecteur.

En 1955, Harry Shapiro, conservateur à l'American Museum of Natural History de New York, ancien ami de Putnam, et qui avait suivi la collection du couple, contacta Eisner afin d'acheter quelques objets de sa collection, qu'il savait importante. Eisner transféra par la suite des objets et documents dans les tours du musée qu'on lui avait ouvertes et commença à les cataloguer, en se référant à ses propres notes ainsi qu'aux notes restantes de Putnam. Tout était sans ordre précis : bouts de papiers, notes, lettres, documents, photographies, cartes. Certains objets évoquaient pour elle des souvenirs des jours les plus heureux, mais d'un autre côté c'était surtout un travail laborieux et quelquefois difficile, puisque des termites avaient rongé certains vieux papiers. Elle était pourtant déterminée à préserver les documents de cette histoire, car elle croyait ces archives d'une réelle importance ethnologique et historique.

Pourquoi l'œuvre et le parcours d'Eisner ont-ils été perdus pendant longtemps ?

Eisner suggéra que le jeune Colin Turnbull, dont elle avait rendu possible la réception au Camp Putnam en 1954, vienne à New York pour évaluer les papiers de Putnam qui se trouvaient temporairement au musée. Ayant passé trois mois à Epulu en 1951, puis quatre mois en 1954 après la mort de Putnam, il lui semblait la personne idéale pour ce travail, car il était en train d'étudier l'anthropologie à Oxford. Turnbull vint à New York, mais il partit peu de temps après, en emportant tous les papiers d'Eisner et de Putnam, et ce, sans la permission d'Eisner. Un conflit amer et apparemment personnel avait éclaté. Sans doute, l'héritage intellectuel de Putnam en était aussi l'enjeu, héritage pour lequel Turnbull se sentait en rivalité avec Eisner[29]. Lorsque plus tard, on le nomma conservateur d'anthropologie du musée, il plaça les Mbuti au centre des collections d'Afrique (cf. essai Enid Schildkrout, p. 75). En 1983, se présentant comme l'héritier de Putnam, qu'il n'avait connu que pendant trois mois, Turnbull effaça quasiment les contributions d'Eisner et presque sa présence à Epulu :

> « Quand Putnam est décédé, les villageois espéraient que je prendrais sa place. Je lui ressemblais quelque peu, et on avait supposé qu'on était parents, alors on me considérait comme son fils. Il avait fait partie intégrale du monde villageois [et] servait de lien entre le village et le monde colonial, en ayant un rôle de médiateur et donc en gardant séparés les deux mondes. Avec son décès, tout cela est mort. [...]
> Le Camp Putnam était abandonné parce que sa troisième femme ne pouvait pas le maintenir (même si elle a bien essayé)[30]. »

En se référant ici à Eisner seulement comme la « troisième femme » de Putnam, Turnbull semble vouloir la reléguer à l'anonymité. Mais ce qui différenciait surtout les perspectives de Turnbull et celles d'Eisner, c'étaient leurs façons de voir la division entre les personnes à l'intérieur et à l'extérieur de la forêt . Dans la géographie morale développée par Turnbull, la forêt est bonne et les Mbuti le sont aussi. Il les voyait comme des esprits indépendants, ne craignant que ce qui était en dehors de la forêt, et faisant semblant de respecter une hiérarchie face aux villageois. Selon Turnbull, Eisner se situait du côté villageois, tandis qu'il s'identifiait aux Pygmées : elle était donc en dehors de la forêt, du côté du pouvoir, tandis que lui se trouvait à l'intérieur, un esprit libérateur qu'on ne pouvait limiter.

Franchissement des limites : la femme entre cultures

Pour les ethnologues qui observent des cultures « autres », et pour tous ceux qui changent de culture, parmi les questions difficiles se pose celle-ci : comment et jusqu'à quel point s'adapter et tenter de s'insérer dans une culture adoptée ? Y a-t-il une réponse simple, comme l'opposition binaire de Turnbull le suggérait ? Eisner avait une vision plus nuancée de son expérience. Au début, elle se sentait plus proche des Mbuti, et d'ailleurs Putnam la surnommait souvent « pygmée » (un diminutif qui renforçait peut-être la hiérarchie entre les deux). Au fur et à mesure, la vie dans la forêt, son activisme, le soin des bébés, tout la distinguait des femmes européennes, des missionnaires, et des administrateurs qui gardaient une séparation stricte vis-à-vis des Noirs. Une fois qu'elle dut assumer des responsabilités pour le camp, le sens de la hiérarchie se compliqua pour elle.

En tant que femme, conjointe, et Occidentale, Eisner s'est trouvée à la fois contrainte, mais aussi plus libre, de s'inventer dans ce contexte. Il était évident que les lois belges qui gouvernaient la Province Orientale accordaient très peu de pouvoir aux femmes dans la hiérarchie coloniale. Dès que Putnam est mort, par exemple, Eisner a dû se défendre pour ne pas être expulsée de Camp Putnam. Elle se trouvait prise dans un système où les Blancs l'identifiaient comme autre, plus proche des primitifs (considérés comme irrationnels, enfantins, mystiques) d'une part ; et où d'autre part les Africains – les Mbuti et les villageois – la voyaient sûrement comme puissante dans la hiérarchie coloniale ; la population d'Epulu ne pouvait guère croire qu'on l'expulserait. C'était une situation quasiment impossible à négocier[31]. Anne Eisner se distinguait consciemment des femmes d'administrateurs belges qui adhéraient aux protocoles coloniaux[32]. À la différence de beaucoup de femmes blanches au Congo, elle s'était intégrée dans les structures communautaires et familiales d'Epulu. Dès lors, elle semblait en effet plus libre des contraintes sociales, non seulement des femmes coloniales mais aussi de ses pairs à New York (surtout dans sa vie comme co-épouse, même si jamais révélée). Au Congo, tout semblait prouver qu'elle « était devenue sauvage » (*she had gone primitive*, en anglais). Elle s'est exposée par exemple au pian (une maladie infectieuse chronique des pays tropicaux) en portant les enfants dans ses bras (un lieu commun du discours sur la nécessité de la séparation des races). Selon certains Belges, Eisner était plus proche des « primitifs » qu'elle n'aurait dû l'être en tant que blanche vivant en Afrique à cette époque. Voici une contre-culture à l'intérieur d'une contre-culture qui associait Eisner au primitif, même si elle était blanche, occidentale, et bourgeoise[33]. Cette complexité apparaît dans son travail artistique.

C'était à travers son art qu'Anne Eisner trouvait des solutions à ses dilemmes d'identité. Ainsi émerge dans ses œuvres la question de la féminité, qui n'y apparaissait pas auparavant. Pendant des années, et pendant les périodes les plus difficiles, elle a maintenu une routine rigoureuse de travail en dessinant et en peignant. Au début, en Afrique, elle ne prêtait pas beaucoup attention aux femmes, et elle rejetait leur façon de vivre : « Je pense que les Pygmées mènent la vie la plus juste et la plus belle, mais je détesterais être une de ces femmes. Elles travaillent de longues journées et leur travail est très dur […]. Elles passent leur temps à l'arrière-plan, en travaillant ou en s'asseyant devant leurs huttes, et rarement, ou même jamais, elles ne s'assoient près du feu avec les hommes. » À la longue, elle prit conscience du rapport entre les femmes, et elle se trouva de plus en plus attirée vers elles ; un de ses grands plaisirs était de les regarder en train de tresser des cheveux [Pl. 26-28]. Elles prenaient particulièrement soin les unes des autres. Une fois qu'Eisner s'est mise à s'occuper d'enfants, elle demandait aux grands-mères, aux tantes et à d'autres de l'aide pour que les enfants soient élevés dans leur culture aussi bien qu'avec elle ; le réseau des mères et des enfants l'a accueillie en lui accordant les mêmes soins.

À New York, loin des gens d'Epulu et de sa vie au Camp Putnam, Eisner explora de mémoire de nouveaux sujets et formes dans son art, et durant une période d'« explosion productive » en 1956 et 1957, elle réalisa une série de gouaches à partir des Pygmées qui jouent de l'arc musical [Pl. 13-15, cf. essai Kay Shelemay], et une autre série d'huiles et aquarelles importantes portant sur des femmes [Pl. 16-28]. Elle travaillait intensément à aplatir les espaces et à les saturer de couleur. Le sujet n'était pourtant pas la couleur. Joan McD Miller suggère que l'œil de la peintre s'est adapté à ce qui l'entourait, ce qui lui a permis de repartir dans une nouvelle direction (cf. Joan McD Miller, *Commentaire*, p. 163). Une des séries se concentre sur la vie quotidienne des villageoises et des Mbuti et ce qu'elles ont en commun : au travail, au repos, avec leurs enfants [Pl. 19-28, 16-18]. D'après Miller, l'effet émotionnel des couleurs reste proche des expressionnistes. En effet, ces œuvres évoquent une sorte d'universel particularisé des femmes dans leur vie de tous les jours. Le pouvoir d'action accordé de manière esthétique à ces femmes équivalait à la peinture des corps et à la peinture sur écorce battue, les seules formes artistiques chez les femmes pygmées (cf. essai Suzanne Blier, p. 103). Il n'y va pas tant d'une autre idéalisée, mais plutôt d'un rapport attentionné entre femmes dans une communauté solidaire. Eisner a pu ainsi approfondir le côté expressif développé tôt dans son travail, tout en incorporant l'histoire d'un temps et d'un lieu d'une manière unique. La reconstruction de son identité comme femme est devenue ainsi possible à travers une percée artistique qui lui a permis de recréer l'autre.

Citons quelques exemples du travail intense qu'Eisner a exécuté de mémoire à New York, entre 1956 et 1957. Dans les tableaux *Mother with Child I* [Pl. 16] et *Mother with Child II* [Pl. 17], une mère et un enfant se détachent sur deux espaces d'arrière-plan. La silhouette de la mère se détache sur des couleurs plus claires et plus sombres. Dans l'un des tableaux, la séparation des blocs de couleurs suggère le ciel et la terre, ou la forêt et le village. Les éléments du monde sont schématisés, et l'individualité s'exprime par l'attitude du corps. Dans l'autre tableau, les positions de la mère et de l'enfant sont semblables, mais paraissent être dans un espace intérieur, avec une ouverture derrière, vers la lumière. Dans les deux, la vie domestique est évoquée par un régime de bananes ou un panier. La figuration du premier plan et l'abstraction de l'arrière-plan se marquent par des zones de couleur, amenant le regard de l'intérieur vers l'extérieur. Le corps de la mère est chaque fois la transversale qui les lie. Dans *Mother with Child IV* [Pl. 18], une femme – dont les motifs de robe rappellent la peinture des écorces battues – se dirige avec son bébé vers les murs d'une maison et une porte plus sombre. Elle nous quitte.

Ce qui frappe dans ces tableaux, c'est la manière dont ces figures de femmes et de mères chevauchent au moins deux mondes, en rappelant combien la distance et la proximité, l'étrangeté et la familiarité, faisaient partie de la vie de cette communauté. Tant dans sa vie que dans son art, Anne Eisner a su franchir les limites entre espaces et cultures. La mémoire pictoriale combine la vie du village (Bantu, la sienne) et sa fascination pour la forêt et les Mbuti. Bien qu'on ne puisse réduire une œuvre d'art à la biographie, ces tableaux suggèrent une distanciation non seulement spatiale mais temporelle. Les œuvres d'Anne Eisner de cette période portent les traces de la perte et de la récupération d'une vie à Epulu, ainsi qu'un sens de la féminité plus communautaire qu'individualiste.

Anne Eisner a réussi à interrompre la dualité des positions binaires (intérieur/extérieur, abstraction/figuration) qui pouvait mener soit à une répétition de la structure de domination, soit à son évacuation par le formalisme. L'historienne d'art Griselda Pollock propose de contourner des positions impossibles (en l'occurrence, des historiens d'art dans son cas, et par extension des artistes comme Eisner) de la manière suivante : s'engager dans un processus qui rend familier ce qui est étrange, en se « dés-identifiant », afin de se réidentifier dans des tableaux qui présentent des femmes. Pollock avait d'abord analysé la manière dont le regard masculin de Gauguin impose un sens sur les femmes dans le contexte tahitien[34]. Eisner ne l'avait-elle pas fait aussi à sa manière dans le tableau *Mother with Child II* [Pl. 17], qui fait écho au tableau de Gauguin *Aha oe feii (Eh quoi ! Tu es jalouse ?)*, où la femme est assise dans une position semblable, avec un genou par-dessus l'autre jambe, et porte aussi un bandeau orné ? Ou encore dans *Woman and Jug* [Pl. 25] qui rappelle *Ta matete (Nous n'irons pas au marché aujourd'hui)*, où Eisner transforme ironiquement des femmes que peint Gauguin au marché des prostituées comme frise égyptienne, en aplatissant la figure d'une seule femme dansante. Remarquons aussi la blouse qui rappelle les dessins de l'écorce battue et la surprise d'une carafe toute blanche par terre. De sorte qu'Eisner ici rappelle indirectement Gauguin pour réinventer le regard sur la femme et mettre en relief l'extérieur de la forêt, une zone tout orange, et l'intérieur de la forêt comme décoration derrière.

En regardant l'évolution de l'œuvre d'Anne Eisner depuis les années 1948-1950, quand elle prenait comme sujet les camps pygmées et surtout l'activité des hommes, jusqu'à ses tableaux et aquarelles peints entre 1951 et 1957 représentant la vie quotidienne des femmes, j'en arrive à deux conclusions : d'abord, elle a pris conscience de l'importance de la capacité d'action et du pouvoir des femmes ; ensuite, elle s'est intéressée sérieusement au franchissement des limites entre cultures coexistantes que les femmes opéraient. Les femmes pouvaient jusqu'à un certain point surmonter des différences : là où les femmes pygmées pouvaient épouser des fermiers/villageois et des hommes blancs, par exemple, les hommes pygmées ne pouvaient épouser ni des villageoises, et encore moins des femmes blanches. Les femmes pygmées pouvaient être vêtues d'un costume européen, venir au village, et se servir des outils domestiques des Bantu. Les villageois, hommes et femmes, pouvaient bien porter des vêtements en textiles européens, mais ils ne s'habillaient pas à la manière des Pygmées ; on ne possède pas de trace d'un villageois portant une écorce battue.

Pour Eisner, le rapport des Mbuti aux villageois ne représentait pas une « dégénération » rousseauiste de la pureté primitive à la corruption sociale, mais plutôt la confirmation de l'effet égalitaire du pouvoir que les femmes s'accordaient. Dans le tableau *The Women* [Pl. 20], une grande femme (villageoise) se joint à deux femmes Mbuti, près d'un mortier et d'un pilon autour desquels elles semblent danser. Eisner imagine ici l'aptitude des femmes Mbuti à se transformer à travers leurs vêtements et leur travail. La femme à droite est physiquement plus grande, mais comme elle se penche en arrière, elle est au même niveau ou même un peu plus petite que les Mbuti, devant l'arrière-plan du village.

Vincent Crapanzano, professeur d'anthropologie et de littérature, établit une comparaison saisissante : « L'ethnographe est pris dans un [...] paradoxe. Il doit rendre familier ce qui est étrange... Comme le traducteur de [Walter] Benjamin, il vise une solution au problème de l'étrangeté... Le traducteur l'accomplit à travers le style, l'ethnographe à travers une présentation qui affirme l'étrange, tout en l'interprétant afin de le rendre familier[35] ». Comme l'ethnographe et l'écrivain plus généralement, l'artiste répond au même défi qu'eux (comprendre l'autre), mais par le visuel[36]. Quant à Eisner, elle transmue la position de « outsider-in » dans ses interprétations visuelles de l'« insider-out ». Elle rend ces femmes d'Epulu familièrement étranges, tout comme elle était elle aussi étrange dans le contexte colonial.

L'œil esthétique d'Eisner, qui à travers le temps s'est familiarisé avec ces différentes cultures, trouve des intersections. Bien que pendant les premières années elle ait peint des scènes de forêt d'une part et des scènes villageoises de l'autre, elle a toujours été attentive visuellement aux transferts culturels. La perspective d'Anne Eisner se démarque de celle développée par Turnbull dans *The Forest People*, selon laquelle les Pygmées s'opposent aux fermiers villageois, et que seuls les Pygmées sont intéressants (cf. essai Enid Schildkrout, p. 75). Les intérêts ethnologiques d'Eisner se sont développés au fur et à mesure, et sont toujours revenus à sa participation dans la communauté et son travail artistique. C'était dans cet esprit qu'elle a traduit 200 légendes pygmées[37]. Les échanges personnels et économiques entre Eisner, Putnam, les villageois et les Mbuti, ainsi qu'avec ceux qui y arrivaient en touriste ou pour la recherche, ont créé une société multiculturelle vigoureuse. Le regard ethnologique d'Eisner, réfracté dans son art, vient de multiples perspectives : en tant que femme, en tant qu'« une des mères », en tant qu'Occidentale et artiste. Elle était en effet « une des femmes » dans cette communauté où elle pouvait recourir, comme les autres femmes, à sa capacité de traverser des frontières culturelles. Que sa liberté artistique dépasse ses transcriptions et notes (amples dans sa correspondance) témoigne de la complexité du monde que reflète son art.

Un dernier séjour à Epulu/retour définitif à New York

De 1957 à 1958, Eisner put retourner vivre à Epulu (le nom de « Camp Putnam » étant tombé en désuétude), afin d'écrire un article sur les Mbuti pour *The National Geographic Magazine*, et pour peindre. Turnbull arriva lui en octobre 1957, pour ses propres recherches et aider à la photographie pour l'article d'Eisner. En 1956, il avait soumis sa thèse à Oxford pour le diplôme de bachelier ès lettres. Cette thèse contenait des informations sur la vie « pygmée », tirées des notes d'Eisner et Putnam. Eisner renouait avec les enfants et les gens d'Epulu. Elle assistait aux événements pour les femmes, qui lui plaisaient beaucoup, en échangeant des notes avec Turnbull en 1958. Une fois le travail ethnologique terminé pour l'article qui paraîtra en 1960, Eisner eut un grave accident de vélo. Elle retourna à New York pour se faire opérer d'une hanche cassée[38]. Elle ne retourna jamais à Epulu ensuite.

Eisner continua à donner des conférences aux États-Unis sur sa vie près de la forêt à Epulu, à étudier le swahili, et à se concentrer sur son art. En 1963, une exposition à New York intitulée « Congo Rain Forest » exprime par l'abstraction sa fascination de longue date avec les arbres de la forêt Ituri : des œuvres non figuratives rappellent l'effet émotif que suscite la forêt [Pl. 29-31]. Finkelstein remarque que « si [son] traitement a un rapport avec l'expressionnisme abstrait, c'est aussi une image très personnelle et distinctive d'un lieu réel, à la fois spontanée, lisible et intégrée de manière cohérente » (cf. *Commentaire*, p. 163).

Durant la période tardive de son travail des années 1960, Eisner a expérimenté avec des formes abstraites. Le retour de l'intérêt pour les arbres et la forêt représente une continuité à travers les ruptures et séparations qu'elle a vécues. Le sculpteur Jacques Lipchitz (1891-1973), émigré français aux États-Unis en 1941, définit la tradition ainsi : « La continuité dans le travail d'un artiste est analogue à la tradition dans le champ de la peinture et de la sculpture, et tout aussi essentiel[39]. » Si la continuité se trouve donc dans la mémoire de ce qu'on est, et des changements qu'on opère à travers des problèmes jetés par les autres, Eisner a très certainement poursuivi une tradition dans la complexité de se frayer une voie. Elle a passé les derniers étés de sa vie auprès de sa sœur Dorothy et leurs amis artistes Gretna Campbell, Louis Finkelstein, et William (Bill) Kienbusch, entre autres sur l'île Great Cranberry, au large de la côte du Maine.

Anne Eisner Putnam est morte des suites d'un cancer à New York en 1967, à l'âge de 56 ans.

Post-scriptum I : postérité d'Epulu

Des anthropologues ont continué à visiter Epulu et à y effectuer du travail ethnographique, y compris Turnbull en 1970, et Joseph A. Towles, l'Afro-américain devenu le partenaire à vie de Turnbull. Les archives de Towles et Turnbull se trouvent aujourd'hui au Avery Research Center for African American History and Culture, au Collège de Charleston, en Caroline du Nord. Joseph Towles est décédé en 1988 et Colin Turnbull en juillet 1994. Des chercheurs de l'université de Kyoto (en particulier feu le professeur Reizo Harako) ont étudié les chasseurs Mbuti et Efe à partir des années 1970, et pendant vingt ans. Les professeurs Irven DeVore (Harvard) et Robert C. Bailey (UCLA) ont co-dirigé le « Ituri Project » à partir de 1980, sur le rapport des pygmées Efe et des villageois Lese. Roy Richard Grinker a quant à lui écrit une biographie sur Colin Turnbull, et Robert Ferris Thompson et Serge Bahuchet ont étudié les écorces battues créées par les femmes Mbuti.

Aujourd'hui, Epulu fait partie de la Réserve de faune à okapis, un site classé au patrimoine mondial de l'UNESCO. Entre 1980 et 1983, deux Américains, John et Terese Hart, ont construit une station de recherche sur l'ancien site du « Palais » au Camp Putnam, où ils ont effectué leurs travaux et élevé leur famille. Ils ont étudié les ressources alimentaires des Pygmées, en vérifiant l'hypothèse qu'ils vivaient indépendamment comme chasseurs-cueilleurs dans la forêt, et en confirmant le caractère récent de la dépendance des échanges avec des villageois en dehors de la forêt. À partir de 1999, suite au génocide des Tutsi au Rwanda en 1994 (dont les effets ont provoqué la première guerre du Congo), la violence s'est déclenchée dans la région. En 2003, un rapport de Human Rights Watch (HRW) a détaillé des crimes contre l'humanité en Ituri (« Ituri : "Couvert de Sang" »), et selon cette même ONGI, le conflit en Ituri continue encore en 2022. La famille Hart s'est déplacée à Kinshasa, où ses membres ont œuvré pour la conservation de la forêt Ituri, une action qu'ils poursuivent aujourd'hui à partir de la Société zoologique de Francfort. Terese Hart a souligné l'importance de la

Fig. 14 Walker Evans, *Portrait d'Anne Eisner*, 1956 © Walker Evans Archive, The Metropolitan Museum of Art

conservation durant les temps de guerre : « Dans l'anarchie tout part [...], les armes sont partout [...] les limites du parc n'existent plus. » Elle conclut : « Les Mbuti n'ont pas de droits de propriété, et cela semble la seule option pour assurer la possibilité d'une continuation de la vie de forêt[40]. » Selon les Hart en 2004, l'enfant le plus jeune d'Eisner, Ndeku, était mort jeune, Kokoyou (William J.) et Katchelwa vivaient intégrés dans leurs familles et la communauté d'Epulu, et ils se souvenaient d'Eisner. À présent, Terese et John Hart continuent leur travail de conservation dans une autre région forestière de la RDC. Ils ont collaboré avec la population autochtone et les autorités locales pour créer le Parc National de la Lomami, au sud-ouest d'Epulu, dans la cuvette centrale du Congo[41].

Post-scriptum II : souvenirs d'Anne Eisner

J'ai connu Anne Eisner de près lorsque j'étais jeune, à son retour aux États-Unis durant les années 1950, et à partir de son retour permanent en 1958. Quelquefois, quand je regarde ses tableaux, ou certains objets qu'elle m'a donnés (comme des tabourets ou des tambours), je pense à son influence visible et invisible sur moi. J'ai commencé à étudier la langue et la culture françaises en 1956 (l'année où Anne commença à peindre la séquence des femmes et enfants) avec une passion qui ne m'a jamais quittée tout au long de mes études et de ma carrière. Malgré son excentricité, ou peut-être même à cause de cette qualité unique, elle m'a légué le besoin de vivre au sein de plus d'une seule culture ; elle était en effet une de mes « mères », au sens que donnaient les habitants d'Epulu à ce terme : un guide, un modèle, une amie. Pour elle, les gens d'Epulu étaient importants, et elle chérissait sa vie parmi eux – en dépit des difficultés personnelles. Ce qu'elle avait peut-être moins compris était l'importance, dans son art comme dans sa vie, de sa propre capacité à s'adapter, franchir des frontières culturelles et transmettre leur importance à ceux qui la côtoyaient. Je me souviens l'avoir regardée peindre intensément des arbres et des paysages aquatiques sur l'île Cranberry. Mais ce n'est que bien des années plus tard que j'ai pu comprendre comment ses tableaux (comme beaucoup d'œuvres d'art) plient le temps dans l'espace – non seulement pour des paysages, mais aussi pour des figures et des motifs – afin de former des traces de mémoire d'autres temps et d'autres lieux.

---

[*] L'édition originale (en anglais) d'*Images of Congo* (chez 5 Continents Editions) contient plusieurs essais, dont deux rédigés par mes soins. Celui-ci, « Anne Eisner's Art and Ethnology », en constituait l'introduction, avec un deuxième essai intitulé « Ethnography, Literature and Art: Making Sense of Colonial Life in the Ituri Forest » (pp. 41-51). Pour cette nouvelle édition, j'ai fusionné les deux, en incluant donc des extraits du deuxième essai. Et je remercie au passage Jérôme Brillaud et Virginie Greene pour leurs lectures de ce texte. Depuis la sortie en 2005 d'*Images of Congo*, j'ai publié *The Life and Art of Anne Eisner: An American Artist between Cultures*, en 2020, où l'on trouvera des développements plus amples sur la vie et l'œuvre d'Anne Eisner.

[1] Anne Eisner (Putnam) fut ma tante maternelle, et quand les archives de Patrick Tracy Lowell Putnam sont allées à la bibliothèque Houghton (Houghton Library) de l'université Harvard, j'ai assumé la responsabilité des archives d'Anne Eisner. Depuis, je les ai confiées à la bibliothèque Houghton. Durant les années 1990, j'ai eu des échanges brefs et cordiaux par lettre avec Colin Turnbull, que j'avais rencontré durant ma jeunesse. Il m'a donné la permission de le citer et de publier toutes ses photographies. J'ai ouvert les archives à Joan Mark, qui a écrit une biographie de Patrick Putnam (*The King of the World in the Land of the Pygmies*, 1995), et à Roy Richard Grinker, à l'origine d'une biographie de Colin Turnbull (*In the Arms of*

Africa: The Life of Colin M. Turnbull, 2000). En 2005, Leslie Morris, conservatrice à la Houghton Library, et moi-même avons monté une exposition des archives d'Anne Eisner et de Patrick Putnam, y compris des œuvres d'art d'Anne Eisner, à la Houghton Library, intitulée « Images of Congo ». En 2023, Sarah Ligner, conservatrice du patrimoine, monte une exposition des œuvres d'Anne Eisner au musée du quai Branly : « Anne Eisner : une artiste américaine au Congo ». Pour d'autres publications, se référer à la bibliographie.

[2] Écrit avec Allan Keller, New York, Prentice Hall, 1954.

[3] Voir Hochschild, 1998.

[4] Mark, pp. 103-104.

[5] Voir McDonald, 2020, pp. 55-60.

[6] Voir McDonald, 2020, pp. 26-30.

[7] Voir McDonald, 2006 ; McDonald, 2009 ; McDonald, 2020, pp. 41-48.

[8] La mission de la Federation of Modern Painters and Sculptors visait l'aide économique aux artistes durant la Grande Dépression, ainsi que l'opposition à l'art comme propagande et à la censure fasciste de l'art. L'American Artists' Congress avait soutenu le projet d'art fédéral (Federal Art Project, FAP) de la Works Progress Administration (WPA) et avait protesté contre les Jeux olympiques de 1936 à Berlin, en boycottant les expositions. L'organisation défendait également des droits minoritaires.

[9] Des photographies réalisées par Siskind d'Anne Eisner et de ses œuvres se trouvent aux Harvard Museums et à la Houghton Library (université de Harvard). Voir McDonald, 2020, p. 45.

[10] Anne Eisner à ses parents, William J. and Florine Eisner, 15 juillet 1931, Anne Eisner Putnam Papers, Houghton Library. Dorénavant pour toute référence à ces archives : Archives AEP.

[11] Picasso, 1939, p. 10. Ma traduction.

[12] *Perfect Documents*, 1935, p. 13. Ma traduction.

[13] Harry Shapiro, « South Seas : Primitives for Sophisticates at the Museum of Modern Art », *Art News* (mars, 1946), p. 27. Le MoMA a revisité l'intérêt pour l'art « tribal » à travers les « primitivistes » en 1984, voir « Primitivism », 1984.

[14] Anne Eisner, manuscrit écrit avec Helen Gould, non publié, p. 23. Dorénavant Eisner Gould ms. Archives AEP

[15] Eisner-Gould ms., p. 20, Archives AEP.

[16] *Ibid.*, p. 39.

[17] *Ibid.*, p. 43.

[18] Voir McDonald, 2020, pp. 69-72.

[19] Anne Eisner, lettre du 20 août 1947. Archives AEP.

[20] Anne Eisner, lettre du 30 août 1947. Archives AEP.

[21] Anne Eisner, lettre du 3 mars 1948. Archives AEP.

[22] Anne Eisner, lettre du 18 avril 1948. Archives AEP.

[23] Pour des analyses plus détaillées, voir McDonald, 2020, pp. 81-83.

[24] Lynne Thornton, *Le Congo et l'Art belge*, 2003, p. 64. Voir aussi Thornton, 1990.

[25] Kingsley, 1992, pp. 16-21.

[26] Archives AEP.

[27] Césaire, 1955, p. 16.

[28] Turnbull, 1983, p. 77.

[29] Voir McDonald, 2020, pp. 204-210.

[30] *Ibid.*, pl. 74.

[31] Ann Laura Stoler écrit : « Les femmes européennes ont fait l'expérience des clivages de la dominance raciale et des distinctions sociales internes de manière très différente des hommes, à cause précisément de leurs positions ambiguës, à la fois comme des subordonnées dans les hiérarchies coloniales et en tant qu'agents actifs de leur culture impériale pour elles-mêmes. » Stoler, 1989, p. 634. Son étude montre que « l'inclusion ou l'exclusion nécessitait une régulation de la vie sexuelle, conjugale, et domestique à la fois des Européens dans les colonies et des sujets colonisés ». *Ibid.*, p. 636. Ma traduction.

[32] Voir Hunt, 1997, ainsi que *Femmes coloniales au Congo belge*, numéro spécial (n° 7), « Enquêtes et documents d'histoires africaines », 1987, pp. 88-109.

[33] Sally Price démontre que de telles associations sont les mêmes qui « projettent [...] les sociétés primitives dans le moule d'une contre-culture artistique ou d'une vie de bohème, telles que l'Occident les conçoit ». Price, 1989, p. 47.

[34] Voir Pollock, 1992, pp. 8-9. Voir aussi mon analyse plus détaillée, McDonald, 2004, 105-126 ; *Images*, 2005, pp. 41-53.

[35] Vincent Crapanzano, 1986, p. 52.

[36] Voir *Le Congo et l'Art belge*, 2003, et Geary, 2002.

[37] Pour des analyses détaillées, voir McDonald, 2004, 2005.

[38] Voir McDonald, 2020, pp. 217-225.

[39] Jacques Lipchitz, « Eleven Europeans in America », *The MoMA Art Bulletin*, XIII/4-5 (1946), p. 27. Ma traduction.

[40] Communication par email de Terese Hart à Christie McDonald, le 15 juillet 2004.

[41] Communication par email de Terese Hart à Christie McDonald, le 15 mars 2022.

Anne Eisner (1911-1967), artiste américaine au Congo belge : un parcours singulier

Sarah Ligner

Prendre la route et traverser mer ou océan pour s'installer loin de chez soi est un choix qui n'est pas sans conséquence dans une carrière d'artiste, et qui plus est dans une vie. Il est quelquefois longuement mûri depuis les rêves d'enfance, ou façonné par un tempérament de bourlingueur, mais dans certains cas surgit inopinément. L'œuvre de l'artiste américaine Anne Eisner (1911-1967) se serait-il autant métamorphosé si elle était restée à New York ? Aurait-il suivi le chemin d'un expressionnisme abstrait en pleine éclosion ou serait-il demeuré fidèle aux tendances réalistes de l'art américain de l'entre-deux-guerres ? S'adonner à l'histoire contrefactuelle est vertigineux.

C'est une rencontre amoureuse qui détermine Anne Eisner à partir en Afrique en 1946. Jusqu'alors, ce continent n'avait pas occupé une place prépondérante dans son esprit et dans son environnement. Patrick Putnam est l'homme aux multiples vies qui séduit Anne Eisner et qu'elle suit en Afrique. Depuis son arrivée dans la colonie belge du Congo en 1927, il accomplit travaux anthropologiques, actions médicales et activités hôtelières. Son charisme et son anticonformisme fascinent Anne Eisner. Pour vivre à ses côtés, elle quitte New York pour Epulu, en lisière de la forêt équatoriale de l'Ituri. Patrick Putnam y a créé le Camp Putnam, un établissement pour héberger les voyageurs de passage et qui offre un confort, somme toute, limité. Indépendante, Anne Eisner finance son escapade. Pour partir, elle n'a d'autre choix que de lancer une souscription publique. Une chronique parue dans la revue *Art Digest* fait part du projet de l'artiste, qui offre vingt tableaux peints pendant son séjour aux collectionneurs qui voudraient bien subventionner le voyage[1].

Vivant aux États-Unis, Anne Eisner se trouve dans une situation différente de la plupart des artistes européennes parties en Afrique. Dans la première moitié du XXe siècle, la politique coloniale en France et en Belgique a largement instrumentalisé la création artistique, pour en tirer

Fig. 1 *African Beauty Salon II*, 1957 (Pl. 28, détail)

parti à des fins de propagande. Ainsi s'est épanoui un système colonial de l'art[2] encourageant la circulation des artistes de la métropole vers les colonies et la diffusion de leurs travaux auprès du public[3]. Au début du XXᵉ siècle, les Européennes accèdent à des voies de formation artistique jusqu'alors réservées aux hommes[4]. Désireuses de voyager, plusieurs d'entre elles rêvent de destinations lointaines, et les départs se font vers les régions les plus accessibles des empires coloniaux. Des bourses de voyage financées par les gouverneurs des colonies ou les compagnies de transport maritime facilitent les déplacements, qui orientent ensuite des carrières. La production artistique qui résulte des voyages est commentée avec intérêt dans la presse et rencontre le succès auprès du public. Les œuvres nées de ces voyages lointains ouvrent la voie à des commandes, comme c'est le cas pour les décors des pavillons des expositions internationales et coloniales.

Réévaluer la place des artistes femmes au sein de l'histoire de l'art, mieux faire connaître leurs œuvres et leurs trajectoires : de multiples initiatives ont émergé en ce sens ces dernières décennies dans le monde académique et muséal[5]. La participation des femmes aux avant-gardes du XXᵉ siècle, en particulier au développement de l'art abstrait, est désormais reconnue[6]. L'étude de la création en situation coloniale, un autre des hiatus de l'histoire de l'art, amène à considérer le parcours des voyageuses et révèle qu'« en même temps qu'une possible échappatoire, l'aventure coloniale a été pour de nombreuses femmes ayant suivi la filière de l'École des beaux-arts à Paris un critère de reconnaissance officielle[7] ». Parmi elles se trouve la sculptrice Anna Quinquaud (1890-1984), première Française à obtenir en 1924 le prix de l'Afrique-Occidentale française. Financé par le gouverneur général de la colonie, ce prix est doté d'une subvention qui couvre les frais de transport et une partie des frais de séjour de l'artiste. Anna Quinquaud, titulaire du Second Prix de Rome, abandonne en 1925 une carrière académique prometteuse pour embarquer pour le Sénégal. Alors que certains de ses confrères trouvent éprouvants le climat, le manque de confort, la barrière de la langue[8], Anna Quinquaud se lance, intrépide, dans un périple de plusieurs mois à travers le Sénégal, le Niger et la Mauritanie. Elle retourne à d'autres occasions en Afrique, tantôt grâce à des bourses de voyage, tantôt à ses propres frais. Ses homologues belges parties dans la colonie du Congo bénéficient la plupart de mêmes soutiens publics. Jeanne Tercafs (1898-1944) reçoit une bourse du ministère belge des Colonies pour séjourner plusieurs fois auprès des Mangbetu entre 1935 et 1940. En 1955, Madeleine Christine Forani (1916-1976) obtient elle aussi une bourse du ministère belge des Colonies pour

Fig. 2 Sans titre,
série Madami, *circa* 1950,
encre sur papier,
40,6 × 33 cm, publié
dans *Madami* (p. 157)

partir au Congo. Comme Anna Quinquaud et Jeanne Tercafs, c'est vers l'art du portrait qu'elle se tourne spontanément. Elle collecte aussi des artefacts pour le musée royal du Congo belge, à Tervuren. Les bourses de voyage ne sont toutefois pas le seul critère qui permette d'identifier l'activité d'artistes européennes en Afrique. Certaines sont nées et ont grandi dans les colonies, comme Marcelle Ackein (1882-1952), ou y ont suivi leur époux, engagé dans l'armée ou dans l'administration coloniale. D'autres ont un parcours plus singulier. Lors de la Première Guerre mondiale, l'artiste française Lucie Cousturier (1876-1925) noue des liens étroits avec des tirailleurs sénégalais dont le camp jouxte son domicile à Fréjus. *Des inconnus chez moi* (1920) est le récit de la mutation de son regard, qui tente de s'affranchir des archétypes profondément ancrés dans la société française envers les Africains. Lucie Cousturier voyage pendant dix mois en Afrique-Occidentale française en 1921-1922. Les trajectoires des voyageuses dans les colonies européennes en Afrique subsaharienne sont loin d'être uniformes : les ressorts de leur présence diffèrent, tout comme leurs rapports aux cultures rencontrées. Polymorphes sont aussi les œuvres qui en découlent. La formation académique qu'elles ont reçue les conduit cependant volontiers vers un art figuratif. Les audaces plastiques demeurent rares : le recours à la stylisation et à l'épure en sculpture, l'infléchissement de la palette vers des tonalités plus éclatantes en peinture l'emportent sur la simplification géométrique ou le renversement des plans.

Pour Anna Quinquaud, c'est un film, celui de *La Croisière noire*, qui a joué un rôle déterminant dans son départ pour l'Afrique : « Après des jours de travail dans un atelier clos de murs, surchauffé, avec des modèles à qui on veut inculquer sa propre vie intérieure, faite de contradictions et de luttes, la vision de cette humanité simple et directe, en pleine nature, c'était une fenêtre ouverte, tout à coup, sur de la lumière, de l'air frais, qui avait émerveillé Delacroix comme une évocation de la beauté antique, loin de nos civilisations compliquées[9]. » Lancée par la firme Citroën, l'épopée automobile a parcouru l'Afrique du nord au sud, d'octobre 1924 à juin 1925, donnant lieu à des travaux naturalistes, ethnographiques et artistiques. Le film de cette expédition entraîne Anna Quinquaud vers la quête d'un âge d'or. Les appels à l'archaïsme se font entendre chez de nombreux artistes occidentaux depuis la fin du XIXᵉ siècle. Rejetant le matérialisme et les progrès techniques des sociétés occidentales, ils aspirent à un autre mode de vie, désormais révolu en Occident, mais qui aurait perduré ailleurs.

Fig. 3 Sans titre, 1946, encre sur papier, 33 × 43 cm

Comme Anna Quinquaud, Anne Eisner a rencontré en Afrique un environnement dépourvu de quiétude. Alors qu'elle est en 1947 à Libenge, avant d'arriver au Camp Putnam, elle souffre de la solitude et de la barrière de la langue[10]. Pourtant, comme Anna Quinquaud avant elle, elle éprouve au cours de son séjour une puissante émotion devant ce qui lui apparaît comme un parangon de beauté et d'harmonie. Anne Eisner a recours à la

métaphore édénique, qualifiant de paradis ses séjours auprès des Mbuti dans la forêt[11]. Quand elle retourne à Epulu en 1957, elle avoue que la réalité est plus belle encore que le rêve et le souvenir[12].

Née aux États-Unis, Anne Eisner a grandi loin de la propagande impérialiste qui s'épanouit alors dans les sociétés françaises et belges. Mais le contexte idéologique outre-Atlantique est autant marqué par les discriminations, alors que perdure jusqu'en 1964 la ségrégation raciale. Durant les années 1930, Anne Eisner participe aux mouvements antifascistes de gauche dans la sphère artistique à New York[13]. Elle figure en 1940 parmi les membres fondateurs de la Federation of Modern Painters and Sculptors, qui milite par principe pour la liberté des artistes, quelle que soit leur nationalité, origine culturelle ou religion. Mais ce qui est donné à voir de l'Afrique aux États-Unis à cette époque est-il différent de la vision que l'Europe se fait du continent ? Dès le XIXe siècle, les explorations du continent africain menées par les puissances impérialistes européennes sont suivies de près de l'autre côté de l'Atlantique. En 1856, Paul du Chaillu, jeune Français installé aux États-Unis, part au Gabon, où il avait auparavant accompagné son père, négociant. Pendant trois ans, il explore le delta de l'Ogooué, les rivières Outemboni et Mouni et s'intéresse à la faune. Lors d'une seconde expédition (1863-1865) il est l'un des premiers Occidentaux à rendre compte de populations de petite taille, qu'il nomme « nains Obongo[14] », que d'autres après lui appelleront « pygmées ». Les « pygmées » qu'il décrit forment le groupe culturel Babongo. En 1878, le roi des Belges, Léopold II, fait appel à un journaliste du *New York Herald*, Henry Morton Stanley, né en Grande-Bretagne mais qui a immigré aux États-Unis. Son ouvrage, *Through the Dark Continent* (1878) marque durablement les consciences européennes et américaines. Sept décennies plus tard, Anne Eisner se heurte à l'emprise de tels archétypes lorsqu'elle travaille, aux côtés du journaliste Allan Keller, au récit de son séjour au Congo, *Madami* [cf. essai de Christraud M. Geary]. Ce qu'elle a vécu et observé à Epulu se situe à l'antithèse du récit de Stanley ; elle s'insurge alors contre les poncifs qu'accumule Allan Keller en 1954 pour séduire les lecteurs américains.

Région attirant les Américains issus de milieux scientifiques, de la sphère commerciale, du journalisme ou encore les passionnés de chasse, le Congo belge n'est guère fréquenté par les artistes américains. Les représentations liées à l'Afrique reposent davantage sur des sources secondaires, comme dans le cas de Malvina Hoffman (1887-1966). En 1930, cette sculptrice américaine formée auprès d'Auguste Rodin à Paris reçoit la commande d'une série de figures sculptées pour la galerie des races humaines du Field Museum of Natural History de Chicago. Elle s'inspire d'études d'ethnologues et de photographies pour exécuter plus d'une centaine de bronzes[15]. Elle suit les codes de l'anthropologie physique de l'époque, se focalisant sur des types ethniques. Elle a certes effectué quelques voyages pour préparer cette série. Mais son expérience africaine demeure limitée : les portraits sculptés qui sont classés comme représentatifs du continent africain sont le plus souvent inspirés de photographies ou d'individus rencontrés en Europe[16]. Les salles qui accueillent cette série sculptée sont inaugurées en 1933, l'année même où est publié – dans une version expurgée[17] – *Congo Solo: Misadventures Two Degrees North* d'Emily Hahn, journaliste au *New Yorker*. Il s'agit du récit de son expérience de huit mois dans un dispensaire de la Croix-Rouge à Penge, au Congo belge, où exerçait alors Patrick Putnam. Dans l'entre-deux-guerres, les voyages d'Américaines au Congo belge ne sont pas si rares : elles donnent lieu à des transcriptions littéraires, voire filmiques [cf. essai de Christraud M. Geary]. Mais ces récits et images demeurent marqués par le filtre occidental. Se heurter à l'appareil colonial prend un tout autre sens pour une Africaine-Américaine comme Eslanda Goode Robeson (1896-1965). Étudiante en anthropologie à Londres, elle part en 1936 en Afrique pour mieux connaître le continent de ses origines. *African Journey*, journal de ce voyage assorti de nombreuses photographies, paraît en 1936[18]. Elle séjourne majoritairement en Afrique du Sud et en Ouganda, mais se rend aussi au Congo belge. Elle y rencontre des groupes dits pygmées et se trouve confrontée au racisme des colons belges.

Au regard de ces différentes expériences, le parcours d'Anne Eisner en Afrique subsaharienne apparaît d'autant plus singulier. Avant d'arriver à Epulu, elle séjourne pendant plusieurs mois dans les colonies du Cameroun et du Nigeria entre la fin de l'année 1946 et le début de l'année 1947. Sa situation demeure celle d'une voyageuse : malgré son intérêt et son fort désir de mieux connaître la création plastique autochtone [cf. essai d'Enid Schildkrout], l'itinérance du voyage ne permet pas l'approfondissement des connaissances qu'elle peut expérimenter par la suite en se fixant à Epulu. Sept années vécues dans le voisinage étroit des communautés Bira et Mbuti la conduisent au-delà du statut de voyageuse. Elle développe une familiarité et une intimité avec les individus qu'elle rencontre. Cela transparaît dans la riche correspondance qu'elle entretient avec sa famille aux États-Unis : dans ses lettres, elle rapporte tous les événements qui émaillent la vie des communautés. Outre la langue française, dont elle a dû acquérir les fondements pour communiquer dans le contexte colonial au Congo belge, elle apprend les

Fig. 4 Sans titre, 1946,
encre sur papier,
35,5 × 42 cm

langues qui sont celles de son entourage à Epulu, le swahili et le kingwana. Partager un langage commun lui permet de mieux comprendre ces sociétés dans leurs aspects tant matériels qu'immatériels. Les Mbuti lui communiquent une part de leurs mythes. Anne Eisner a acquis sur le terrain des compétences anthropologiques, mais elle sait qu'elle n'appartient pas à un monde académique familier à Patrick Putnam ou à Colin Turnbull. Elle concède ne pas avoir un esprit scientifique, mais se présente comme une observatrice expérimentée[19]. Dans les faits, elle met en pratique les méthodes de l'observation participante. Elle consigne dans ses notes nombre d'aspects des rituels Mbuti, dont le rituel d'initiation féminine de l'*elima.* Elle observe les femmes Mbuti traçant des motifs sur les écorces battues. Elle ne se sert pas du médium plastique pour documenter une culture comme l'a fait l'ethnologue française Thérèse Rivière (1901-1970), lorsqu'elle commente les dessins qu'elle fait exécuter aux enfants et adultes Ath Abderrahman[20] dans l'Aurès, région montagneuse du nord-est de l'Algérie. Pour autant, sans avoir accès à toutes les interprétations iconographiques des peintures sur écorce, Anne Eisner entretient dans son œuvre un dialogue étroit avec les motifs peints par les femmes Mbuti [cf. essai de Suzanne Preston Blier]. Dans l'Ituri, au contact des Mbuti, Anne Eisner saisit peu à peu la dimension sacrée que possède pour eux la forêt. Lorsqu'elle chemine à travers l'épaisse frondaison, elle note que telle rivière, tel bourbier, telle termitière ont un sens pour elle ; elle reconnaît un arbre qu'elle aime[21]. Ses œuvres sont la traduction picturale de cette expérience. Elles empruntent aussi un cheminement graphique, où se lit un travail d'épure, afin que le trait ne soit pas prolixe mais saisisse avec retenue les contours de la forme. Cela apparaît dans ses carnets de croquis et dans les illustrations du récit de son séjour au Congo, *Madami* [Fig. 2]. Accaparée par ses obligations au Camp Putnam, Anne Eisner n'a guère la possibilité de consacrer de longs moments à la peinture. La gouache lui permet de se lancer dans des expérimentations picturales, où la couleur joue une place centrale au service de l'épure du motif. De retour aux États-Unis, elle poursuit ce travail à la gouache. Le caractère alerte de la touche se fait plus mesuré dans les huiles sur toile représentant le quotidien des femmes Mbuti et

PAINTINGS
congo rain forest
march 11-26, 1963

ANNE EISNER

KAYMAR GALLERY
548 west broadway nyc
1 block south of wash. square

gallery hours — tues. wed. thursday — 12 to 6
friday saturday sunday 12 to 7 closed mondays

Fig. 5 Carton d'invitation à l'exposition «Congo Rain Forest», 1963

Bira, qui sont aussi une réflexion sur la composition plastique. Elle affiche toutefois une fulgurance d'exécution dans des toiles comme *Entrance to Camp Putnam* [Pl. 31] : troncs, feuilles et lianes sont en partie définis par les coulures de peinture, qui font songer à la dimension gestuelle de l'*action painting* développé entre autres par Jackson Pollock. Anne Eisner quitte définitivement le Congo belge en juin 1958. Quelques mois auparavant a été inaugurée l'Exposition universelle de Bruxelles. La section du Congo belge comprend une exposition d'art contemporain, où sont rassemblées des œuvres d'artistes belges comme Marthe Guillain – amie d'Anne Eisner, qui a séjourné à Epulu –, Floris Jespers, Paul Daxhelet, et d'artistes congolais, ceux de l'atelier du Hangar fondé en 1946 à Elisabethville (actuelle Lubumbashi) par le Français Pierre Romain-Desfossés. C'est loin de cet événement, qui célèbre un empire colonial déclinant avant l'indépendance en 1960 du Congo, qu'Anne Eisner expose ses toiles à New York. Elle poursuit la voie plastique dans laquelle elle s'est engagée et qui la mène à l'orée de l'abstraction. L'étude de ses œuvres et de ses archives révèle une trajectoire qui échappe à toute classification.

1 Ben Wolf, « The Dirty Palette », *Art Digest*, 15 avril 1946, AEP papers, Moses Scrapbooks Am 2369 (425).

2 Dominique Jarrassé, « Un "colonialisme esthétique" : la peinture aux expositions coloniales », dans le catalogue de l'exposition « Peintures des lointains. La collection du musée du quai Branly - Jacques Chirac », Paris, Skira, musée du quai Branly - Jacques Chirac, 2018, pp. 88-97.

3 Laurent Houssais, « Partir, exposer, vendre : réseaux et structures coloniales dans l'entre-deux-guerres », *op. cit.*, pp. 78-87.

4 L'École nationale supérieure des beaux-arts de Paris ouvre un atelier pour les femmes en 1900.

5 Citons, entre autres, pour la France, la présentation « elles@centrepompidou. Artistes femmes dans les collections du Musée national d'art moderne à Paris » (2009-2011), et la création en 2014 de l'association AWARE : Archives of Women Artists, Research and Exhibitions.

6 Exposition « Elles font l'abstraction », Musée national d'art moderne, Paris, 2021.

7 Catherine Gonnard et Elisabeth Lebovici, « Les artistes "coloniales" », *Femmes artistes/ Artistes femmes, Paris, de 1881 à nos jours*, Paris, Hazan, 2007.

8 Tel Jean Bouchaud, lauréat du prix de l'Afrique-Occidentale française en 1932, qui en fait état dans sa correspondance.

9 Anna Quinquaud, « La beauté en Afrique ». Extrait des notes rédigées par Anna Quinquaud, en vue de la conférence donnée à l'École coloniale en 1938. Anne Doridou-Heim, *Anna Quinquaud. Sculptrice exploratrice. Voyage dans les années 30,* Paris, Somogy, 2011, p. 160. Ce souvenir rapporté plus d'une décennie après son premier voyage interroge, car l'artiste est déjà arrivée à Dakar lorsque sort en salles en 1926 le film *La Croisière noire*.

10 Notes d'Anne Eisner à Libenge, 1947, archives AEP.

11 « Pygmy paradise » est le titre donné à l'un des chapitres de l'ouvrage qu'Anne Eisner projetait avec son amie Helen Gould, archives AEP.

12 Lettre d'Anne Eisner à William et Florine Eisner, 18 septembre 1957, archives AEP.

13 Christie McDonald, « Politics and Art », *The Life and Art of Anne Eisner. An American Artist between Cultures*, Officina Libraria, Rome, 2020, pp. 36-40.

14 Paul B. du Chaillu, *Explorations and Adventures in Equatorial Africa* (Londres, 1861) et *A Journey to Ashango Land* (Londres, 1867).

15 Penelope Curtis, « Sculpture et vérité. L'exemple de Malvina Hoffman », *Revue de l'art* n° 162, 2008-4, pp. 79-84.

16 *Ubangi Woman* semble inspirée d'une femme de l'ethnie sara qui a été exhibée lors de l'Exposition coloniale internationale de Paris en 1931. Voir Henry Field, *The Track of Man: Adventures of an Anthropologist*, New York, Doubleday & Company, 1953, p. 199.

17 Voir l'introduction de Ken Cuthbertson dans la réédition de l'ouvrage d'Emily Hahn en 2011, Presses de l'Université McGill-Queen.

18 Il a été traduit récemment en français par Jean-Baptiste Naudy, Nouvelles Éditions Place, 2020.

19 Lettre d'Anne Eisner à Carleton Coon, novembre 1953, archives AEP.

20 Michèle Coquet, « L'"album de dessins indigènes". Thérèse Rivière chez les Ath Abderrahman Kebèche de l'Aurès (Algérie) », *Gradhiva*, 9, 2009, pp. 188-203.

21 Notes manuscrites d'Anne Eisner au camp pygmée, archives AEP.

Dessin sur la forêt :
Anne Eisner à Epulu

Rosanna Warren

« Je suis une peintre qui, en théorie, ne pense pas que le sujet soit la chose la plus importante. N'étant pas une peintre anthropologue, je ne pensais pas que les Pygmées étaient plus intéressants à peindre que les autres. Je suis venue en Afrique parce que Pat me plaisait. Point final. »

Anne Eisner rédigea cette déclaration de son écriture vigoureuse, ponctuée de façon inégale, dans le cahier bleu à l'intérieur duquel elle mettait les choses au point concernant sa vie au Congo, à destination de son collaborateur new-yorkais, l'écrivain et le prête-plume Allan Keller. C'était en 1953, alors qu'ils préparaient le manuscrit de *Madami*, ses mémoires pour l'éditeur Prentice Hall. On peut se faire une très bonne idée d'Eisner dans l'écriture impatiente qui passe d'une proposition à l'autre, souvent sans faire de pause pour corriger la grammaire. On peut aussi l'entendre : les affirmations *staccato* – « Je suis une peintre… » ; « Je ne pensais pas… » ; « Je suis venue en Afrique [parce que Pat me plaisait]. Point final[1]. » Une irritabilité particulière infléchit ces admonestations adressées à Keller, qui écrit depuis le monde sophistiqué des arts et des lettres de New York dans lequel Eisner a grandi, et dont elle s'est retirée si brusquement en partant en Afrique avec Patrick Putnam en 1946. Dans sa culture fermée, l'intelligentsia new-yorkaise a dû sembler à Eisner, parfois, étroite d'esprit, ignorante et arrogante. Quelques pages plus loin, elle s'en prend au jargon des loisirs urbains aisés : « Qui ne mange pas de termites ? Je pense qu'ils sont un mets rare lorsqu'ils sont préparés d'une certaine manière, ils sont un vrai régal pour les gourmets et feraient sensation dans n'importe quel cocktail. » Mais il y a plus dans cette déclaration sur la peinture anthropologique qu'une dispute avec Keller. Plus sérieusement, plus intriguant, elle suggère une dispute avec elle-même.

Fig. 1 *Pygmies in Forest II*, 1951-1952 (Pl. 10, détail)

«En théorie», dit-elle, elle ne pense pas que le sujet soit «la chose la plus importante». Ses propres peintures et dessins réalisés au fil des ans racontent une histoire plus complexe. Dans les années 1930, lorsqu'elle commença à peindre sérieusement et à exposer, elle fut attirée par certains types de scènes pour lesquelles elle conçut un langage pictural à partir des réalismes à la portée des Américains : un style illustratif mais expressionniste redevable, selon les cas, à Benton, Hopper, Sloan ; parfois, dans ses phases les plus caricaturales, à son professeur George Grosz ; et dans ses humeurs plus sévères, à Marsden Hartley. Le sujet est important pour elle, dans ces œuvres. On peut le constater par le fait qu'elle revient sans cesse sur certains motifs, par l'énergie des coups de pinceau, par son inventivité avec la couleur et les rencontres de plans, par le soin apporté à l'observation. Ce qui l'excitait dans ses premières œuvres – des gens en groupes, des gens travaillant et jouant ensemble à l'intérieur et à l'extérieur, des scènes domestiques avec des objets symboliques chargés, des arbres, des gens près des arbres, des paysages avec des signes d'utilisation et de travail humain – trouve une nouvelle vie et évolue vers un style personnel et magistral dans ses œuvres africaines.

Elle a donc une théorie moderniste sur le sujet, qui ne peut l'amener que jusqu'à un certain point dans la vérité de son expérience de peintre. Elle l'emmène cependant à bonne distance, avec sa propre vérité partielle. Les poèmes sont faits, pour reprendre la déclaration fameuse de Mallarmé à Degas, non pas avec des idées, mais avec des mots ; et les peintures sont faites avec un pigment appliqué sur une surface plane, généralement avec un pinceau ; elles prennent forme dans des relations de teinte et de valeur, de rythmes de ligne et de forme, de qualité de la marque et de texture. Il ne s'agit pas seulement d'une idéologie moderniste, mais d'un fait artisanal. En observant le travail d'Eisner au fur et à mesure de son développement, nous voyons l'artisanat évoluer pour répondre à une vision qui évolue. Et ce qui en résulte, dans cet épisode d'un art figuratif moderne luttant pour assimiler les leçons de l'abstraction du XXᵉ siècle, n'est pas une stylisation, mais un style. La stylisation, dirais-je, est le déploiement de formules décoratives ; le style est la quête d'un savoir rendu visible et reconnaissable.

La riposte d'Eisner à Keller touche à un autre sujet très sensible : l'amour. «Je suis venue en Afrique parce que Pat me plaisait. Point final.» Elle écrit cela en 1953, alors que Patrick Putnam a déjà fait sa dépression mentale et physique, qu'il l'a agressée à plusieurs reprises, qu'il a commencé à déchirer la communauté du Camp Putnam et des environs avec ses exigences irrationnelles et violentes. Atteint d'emphysème et de démence intermittente, une sorte de syndrome de Kurtz, aboyant des ordres depuis sa litière, dirigeant les Africains locaux dans des projets de construction grandioses et irréalisables, Patrick Putnam mourra plus tard dans l'année, laissant Eisner aux prises avec les décombres du camp. Eisner ne peut pas écrire, à l'instant, qu'elle l'a « aimé ». Mais elle l'avait aimé ; elle avait suivi ce patricien charismatique et têtu de Boston jusqu'à son domaine en Afrique, où elle découvrit qu'elle devait le partager avec plusieurs épouses africaines. Elle est restée. Elle est entrée dans ce monde. Elle s'est liée d'amitié avec les Pygmées Mbuti et les Africains noirs locaux, les Bira. C'est donc l'histoire de l'amour pour un homme qui s'est transformée en amour pour un peuple, un lieu, un mode de vie, pour lesquels elle était prête, obstinément, à souffrir. Et à sa manière, elle est restée fidèle à l'homme, refusant d'écrire à ses parents, à sa sœur et à ses amis les histoires les plus abjectes sur son comportement, et le défendant auprès de Keller avec une fermeté acerbe : « Pat n'était pas du tout infirme, il ne pouvait pas marcher à cause de son manque de souffle. » Quelques pages plus loin, elle donne ce portrait de l'homme exaspérant, brillamment énergique, parfois cruel, qui l'avait arrachée à sa vie aux États-Unis : « Pat ne dirigeait pas l'hôpital avec des horaires réguliers et une routine, Pat faisait tout, et son passe-temps favori était le travail à l'hôpital, mais quand vous veniez à l'Epulu, vous aviez beaucoup plus de chances de le trouver sous la voiture, en train de construire un barrage ou un engin de Rube Goldberg, et il ne laissait jamais la vie devenir ennuyeuse ; il était toujours en train de penser à quelque chose de scandaleux qui allait forcément bouleverser tout l'endroit. »

La fascination qu'il exerçait est palpable dans les portraits qu'elle réalisa de lui. Déjà en 1945, alors qu'ils viennent de se rencontrer et qu'ils ne sont pas encore partis pour l'Afrique, on sent l'attention accélérée de son pinceau qui modèle le front, les tempes et les pommettes saillantes ainsi que les poches oculaires et les narines plissées dans le portrait à l'huile où il lit [Pl. 1]. La force de l'homme, voûté comme un prédateur dans sa concentration sur la lecture, s'est communiquée au peintre, qui noue son attention surtout dans le regard tombant de son sujet et dans les articulations de la main gauche crispée qui saisit le livre. Patrick Putnam n'était jamais ennuyeux, avait-elle dit, et ses portraits de lui ne le sont pas non plus. Un courant presque électrique anime le crayon dans son dessin du buste de Putnam [Fig. 2], son visage rainuré dans l'ombre, l'obscurité de sa vision intérieure, nous pouvons l'imaginer, gravant les marques de son visage dans le papier. Il y a quelque chose de tourmenté, de possédé, de légendaire dans

Fig. 2 Sans titre, *circa* 1946,
encre sur papier,
collection Houghton
Library, Harvard University,
Cambridge, États-Unis

ce visage. Il n'y a rien besoin de savoir de son histoire pour sentir à la fois sa puissance démoniaque et sa faiblesse.

« N'étant pas une peintre anthropologue… », écrit Eisner. Elle ne l'était effectivement pas, si l'on entend par là un peintre au réalisme photographique, enregistrant méthodiquement les moindres détails du costume, des coutumes, de la physionomie et de l'environnement. Et pourtant, dans leur essence même, les peintures africaines d'Eisner enregistrent tous ces faits sur le peuple pygmée, les Mbuti, de la forêt d'Ituri, ainsi que sur la vie des Africains noirs qui vivaient autour d'Epulu. Elle remplit des carnets avec des descriptions écrites de la vie des Africains, des histoires de leurs multiples épouses, des enregistrements de noms et de liens de parenté, des récits d'otites ou de maux de gorge, des descriptions de chasses, de danses, de cuisine, d'un mariage (« La mariée est arrivée dans un petit tipoy. Elle a un tissu blanc et lie-de-vin […] sur le devant de sa tête… »). Et dans le carnet bleu, comme elle est prompte à fustiger Keller pour ses appréhensions : « Il n'y a pas d'acacias dans la forêt, c'est de la savane. Les mongongos sont des feuilles sur une longue tige qui poussent comme des oreilles d'éléphant que l'on voit aussi – mais il n'y a que des feuilles, des feuilles, des feuilles et des fougères – de la mousse, des termitières de différentes formes – de la mousse – Il y a des arbres à contrefort… » Répondant manifestement à une évocation pittoresque d'indigènes nus venant de lui, elle réplique : « Dites à Allan que je paierai plus de mille dollars si jamais je vois un Pygmée nu. On n'est pas à Provincetown ou à Martha's Vineyard. » (« Qu'est-ce que c'est que ça ? », a-t-elle barré dans ce passage exacerbé.) « Il mélange des infos […]. Toute cette histoire à la poubelle ! »

Qu'est-ce qui la préparait à l'Afrique ? Il est tentant de se pencher sur ses peintures américaines des années 1930 et de conclure qu'elle avait, sinon l'âme d'une dryade, du moins un fort sentiment pour les arbres et pour l'abri qu'ils offrent aux êtres humains. *Washington Square*, de 1935, pour lequel elle remporta un prix, semble, dans sa manière chargée et anecdotique, un échauffement pour les peintures de la forêt d'Epulu [Pl. 2]. Sa nuée d'adultes et d'enfants à la Breughel s'élève sur le plan de l'image selon une légère diagonale en haut à gauche ; des jupes et des robes de couleur rouge cadmium ponctuent cette sympathique agitation de façon semi-abstraite, établissant un schéma équilibré d'activités reliant le premier plan (deux filles, l'une en robe rouge, l'autre en jupe rouge, divisant la base du tableau en tiers égaux) au second plan (un enfant blond en robe rouge, assis sur un banc, juste à droite du centre), puis à l'arrière-plan (plusieurs petits personnages vêtus de rouge s'éloignant vers la gauche). Quatre formes d'arbres simplifiées et maladroites, réparties assez régulièrement au milieu et à l'arrière-plan, soutiennent le toit de ce tableau comme des piliers. Les personnages humains, eux aussi, sont trapus, dans un style faux-naïf. La perspective de la Renaissance a été sacrifiée au profit d'un espace frontal et vertical, dont la modeste récession n'est suggérée que par le chevauchement des formes et la diminution de la taille des figures les plus éloignées. L'ensemble de la composition possède une gaieté enfantine dans sa dispersion globale des énergies, ses teintes vives, son dessin délibérément maladroit, la centralité de son architecture, et le rythme trois/quatre dans le jeu de l'espace du premier plan (tiers, avec un bout de pelouse triangulaire central) et de l'arrière-plan (divisé par les arbres grossièrement en quarts).

Onze ans plus tard, l'un des premiers tableaux d'Eisner représentant le camp des Pygmées [Pl. 6], datant de 1948, fait appel à un vocabulaire similaire en réponse à une scène assez semblable : un grand groupe de personnes occupées sous des arbres. Le camp des Pygmées est encore plus frontal que *Washington Square*, son retrait plus profond étant bloqué par l'écran de feuillage de la forêt à l'arrière. Comme la scène new-yorkaise, c'est une composition centralisée, avec des énergies multiples dispersées uniformément sur la surface, et avec des troncs d'arbres solides qui soutiennent un toit imaginaire. Sans la diagonale de *Washington Square* à l'arrière, cependant, elle est moins dynamique spatialement. Son charme vient du plaisir que prend le pinceau à lécher une grande variété de mini-événements : des personnages debout, accroupis, assis sur des troncs, battant de la toile d'écorce, manipulant un long filet, préparant de la nourriture, etc. Au fur et à mesure que sa vision d'Epulu et de ses habitants s'approfondit au fil des ans, Eisner conserve son intérêt de conteuse pour toutes ces activités, pour les rythmes qui unissent les gens entre eux et au monde naturel ; mais elle commence à trouver dans ces rythmes des clés pour une organisation rythmique plus vivante et plus audacieuse de son propre travail. Une peinture anthropologique ? Non, pas nécessairement. Mais le « sujet », oui : la question des gens qui travaillent et jouent ensemble de manière rythmique dans un monde solide et fortement structuré. En contemplant ces questions, Eisner semble avoir appris à réaliser les peintures solides et structurées de sa phase ultérieure. Je suggère que c'est en découvrant comment organiser une peinture en rythme pictural, en intervalles connectés de couleurs et de formes, qu'elle résout les problèmes spatiaux de son travail antérieur. Je veux suggérer, en outre, que ses rythmes picturaux dérivent en quelque sorte des cadences visuelles qu'elle a vues et ressenties autour d'elle à Epulu.

Compte tenu de la puissance de cette dernière phase, il convient de s'attarder un instant sur la faiblesse de la composition de certaines des œuvres antérieures. Que ce soit dans les paysages, comme *Martha's Vineyard*, avec ses coups de pinceau nerveux, ou dans les scènes de commentaire social comme *Eat, Drink and Be Merry*, la vivacité est éparpillée sur la surface, et inhérente aux incidents et aux descriptions locales plutôt qu'à une logique spatiale globale. Les formes représentées semblent n'avoir qu'une relation désordonnée avec la pression exercée par les limites de la toile. Si l'espace malléable et expressionniste de *Martha's Vineyard* avait été travaillé en un rythme émotionnel contrôlant toute la surface, il aurait pu relier la colline du premier plan à la grappe de villages au second plan, à la surface de la mer bleu de Prusse et aux nuages déchiquetés, pour un effet d'intensité et d'unité de but, comme chez Soutine ou Kokoschka. Mais dans ce tableau, comme dans beaucoup d'autres des années 1930, Eisner a été trop absorbée par les petits tourbillons de la description pour prendre du recul et forcer une géométrie dominante et – pourrait-on ajouter – une exécution cohérente de l'espace. Le problème de *Eat, Drink and Be Merry* est similaire : l'œil et la main du peintre ont fait preuve d'une grande attention en décrivant – en habitant, pourrions-nous dire – la solitude grotesque de chacun des quatre convives ; le coup de pinceau habilement brut est excité par la caricature, mais superficiel lorsqu'il s'agit de poser le morne plan ocre du sol qui occupe presque un quart de la toile, et il semble presque aussi ennuyeux de remplir les panneaux muraux gris de Payne. Le tableau aspire à l'humeur et à la concentration narrative de Hopper (bien qu'il dépasse Hopper et se rapproche de Grosz ou de Bellows dans les visages caricaturaux) ; mais il ignore le fait que Hopper établit son humeur, non pas en illustrant l'expression faciale, mais en érigeant une architecture de plans qui se rencontrent, de formes de couleurs qui frappent d'autres formes de couleurs, pour établir la lumière du sentiment.

En regardant les peintures africaines d'Eisner des années 1950 et du début des années 1960, avec leur merveilleuse assurance en matière de couleurs, de formes et de lignes, nous pouvons être tentés de nous demander : « Comment est-ce arrivé ? » Et bien sûr, en regardant de l'extérieur, et des années plus tard, nous ne pouvons qu'émettre des hypothèses. Deux éléments majeurs semblent cependant actifs dans la genèse de ces œuvres : la distillation d'années d'observation de la vie africaine en une forme essentielle, et non descriptive, et son absorption des techniques de contrôle spatial et chromatique et de simplification des formes de Matisse et Milton Avery. À cela, il faut ajouter son assimilation des caractéristiques des révolutions spatiales et gestuelles de Hans Hofman, William Kienbusch, Jack Tworkov, Willem De Kooning et Jackson Pollock. Ce n'est pas un hasard si les années de production et d'avancée les plus fébriles de la peinture d'Eisner (1955-1956, et 1959-1963) se déroulent aux États-Unis, soit à Manhattan, soit pendant les étés à Martha's Vineyard ou à Cranberry Island, dans le Maine, où elle est en contact quotidien avec l'art moderne américain en devenir : les conventions françaises se modulant en expressionnisme abstrait de l'école de New York. Ce n'est pas non plus un hasard si ces peintures fortes d'Eisner sont toutes d'Epulu : motivées, alimentées, étoffées par sa connaissance d'un monde extérieur qui est devenu son monde intérieur. Dès 1951, elle écrit à sa sœur Dorothy Eisner, également peintre sérieuse : « Cependant, il y a trois tableaux qui ne cessent de me hanter et il faudra bien que je m'y mette un de ces jours. Mais j'ai aussi la fièvre de l'argent et j'ai peur de commencer. L'un d'entre eux est la naissance d'un enfant à ce carrefour, la nuit, à la lumière du kérosène, avec les vêtements aux motifs éclatants des femmes qui aidaient, de sorte qu'on ne voyait que la jambe de la mère, le bébé, les vêtements et les pieds. C'est du réalisme sur réalisme, abstrait, mais jamais non objectif, et l'une des vues les plus magnifiques que j'ai jamais observées, mais savoir si on peut le faire est une autre question. » [Fig. 3]

L'expression « abstrait, mais jamais non objectif » semble une description aussi bonne qu'une autre de l'équilibre dynamique auquel Anne Eisner parviendra, dans ses plus beaux tableaux, entre le monde visible donné qu'elle aime, celui des gens et de la nature, et le vocabulaire abstrait des moyens strictement picturaux. Le tableau de l'accouchement lui-même, une aquarelle cinglante aux couleurs (principalement) primaires, n'a pas encore la maîtrise de la forme et de l'espace intégrés qu'elle atteindra bientôt, mais il a l'énergie furieuse d'un événement de la vie traduit en événement de la peinture. Dans cette œuvre, nous commençons à voir Anne Eisner comme la sage-femme de son propre art le plus puissant.

Ma question est donc de savoir comment elle parvient à l'autorité des compositions de figures intérieures comme *Mother with Child II* [Pl. 17] et des scènes de forêt comme *Ituri Forest IV* [Pl. 29]. Les meilleures preuves qu'elle a laissées sont ses propres dessins, et il est utile de se tourner vers eux pour suivre la collaboration de sa main, de son œil et de son âme dans une vision en pleine maturation. Louis Finkelstein, dans son commentaire éclairant sur l'œuvre d'Eisner, parle de son « absorption pour le plaisir d'acquérir des connaissances », en référence à un autoportrait au crayon. Il a raison. Dans la main d'Eisner, le dessin est une activité double, l'acquisition de connaissances liée neurologiquement au raffinement de la marque qui donne naissance au style. Bien que son dessin reconnaisse et même célèbre les éléments décoratifs, il est tout sauf décoratif : il mérite notre attention en tant qu'art parce qu'il est le résultat d'actes laborieux de visualisation de réalités au-delà du moi de l'observateur. (Même un autoportrait, paradoxalement, transforme le soi observé en un objet/sujet d'observation éloigné.) Et l'une des caractéristiques de la vie qu'elle a observée à Epulu était un ensemble de relations entre les gens, et entre les gens et la forêt, que nous pourrions considérer comme rythmiques, basées sur des intervalles récurrents et des formes apparentées.

Fig. 3 *Childbirth*, 1951,
aquarelle, collection privée

Les dessins que je vais examiner se trouvent à la Houghton Library, et comme ils n'ont pas encore été catalogués, leur datation ne peut être que conjecturale. (Pour d'autres raisons, elle peut rester conjecturale même après le catalogage.) Au lieu d'inventer une chronologie fictive, je les traiterai par motif, et j'espère que des motifs liés entre eux émergera une image unifiée de la pensée exploratoire d'Eisner. En gros, les points à aborder sont : l'anatomie, le travail, le jeu, les relations entre les personnages, les relations des personnages à leur environnement.

Commençons par l'anatomie. Dans toute la formation artistique d'Eisner, à la Grande Chaumière de Paris, à l'Art Students League et à la Parsons School of Design de New York, le dessin de figures joua un rôle central. Cette formation lui est très utile en Afrique, où elle recrée les gestes et les postures de ses sujets à l'aide de crayons, de pinceaux et d'encre, et de stylos et d'encre, avec économie, rapidité et vigueur. J'ai puisé dans ses dessins, m'engageant à reproduire, du mieux que je pouvais, l'ampleur et la vélocité de son trait. Cet exercice m'a appris, entre autres, quelle intelligence concentrée de l'observation guide chacun des traits d'Eisner. Regardez, par exemple, le musicien jouant de l'arc à une corde, une étude pour la série audacieuse d'aquarelles abstraites de ce sujet qu'elle a réalisée en 1956 [Pl. 13-15]. Dans les aquarelles, la figure humaine a été déformée pour mettre en valeur l'un ou l'autre élément de son activité : le torse semblable à une fourmi, le pied énorme, la tête exagérée deviennent des extensions de l'arc lui-même et de l'acte de faire de la musique. Le dessin qui prépare ces méditations étudie l'être humain dans ses proportions plus naturalistes, mais cherche ses lignes de force essentielles [Fig. 4]. Coincé dans le coin inférieur droit de la page, l'homme assis berce l'arc, qui s'étend entre sa tête tendue et son grand pied gauche préhensile, les orteils écartés pour saisir et stabiliser l'instrument. Le dessin à l'encre remplit la page et engage ses bords rectangulaires pour générer de la puissance à partir de l'espace comprimé ; une seule ligne rapide trace le contour inférieur de sa jambe gauche et plonge dans la cheville pour créer l'articulation ; une ligne tout aussi rapide et volumétriquement suggestive suit le contour de la couronne de sa tête et de son front proéminent. C'est un beau dessin, qui a appris de Matisse comment indiquer les trois dimensions en un seul trait.

Eisner avait une sensibilité particulière pour les articulations des pieds et des chevilles. Elles servent, entre autres, à indiquer la relation de travail d'une personne avec la force de gravité, et Eisner a un respect sain à la fois pour le travail et pour la gravité. Dans le dessin au crayon des deux femmes jouant au jeu de société mancala [Fig. 5], non seulement les figures sont, une fois de plus, placées en relation dynamique avec les bords de la page, mais la ligne d'Eisner indiquant l'articulation du tibia, de la cheville et du pied, dans chaque figure, englobe une fois de plus le contour extérieur et l'intérieur, le nœud tridimensionnel et le couple de l'articulation, et enregistre également le travail de stabilisation des pieds lorsqu'ils s'écartent pour répartir le poids du corps.

Le dessin des joueurs introduit un motif qui restera constant pour Eisner tout au long de sa vie artistique : la sociabilité. Elle réalise occasionnellement des portraits solitaires, comme celui de l'anarchiste italien Carlo Tresca [cf. essai Christie McDonald, p. 24], et certains de ses peintures et dessins africains ultérieurs représentent des personnes seules, généralement occupées à une tâche. Cependant, son imagination est souvent sollicitée de manière plus vitale par des personnes réunies, au travail ou au jeu. Et le jeu, la structuration formelle de l'activité humaine par pur plaisir, occupe une place particulière dans son œuvre, de la première scène de tir à l'arc dans *Archery Club* [Fig. 2 et 3, p. 165], au dessin des joueurs de mancala à Epulu. Elle a magnifiquement ressenti la relation rythmique des têtes penchées des femmes,

Fig. 4 *Arc musical*, *circa* 1954, encre sur papier, collection Houghton Library, Harvard University, Cambridge, États-Unis

Fig. 5 *Mancala Game*, *circa* 1957, encre sur papier, collection Houghton Library, Harvard University, Cambridge, États-Unis

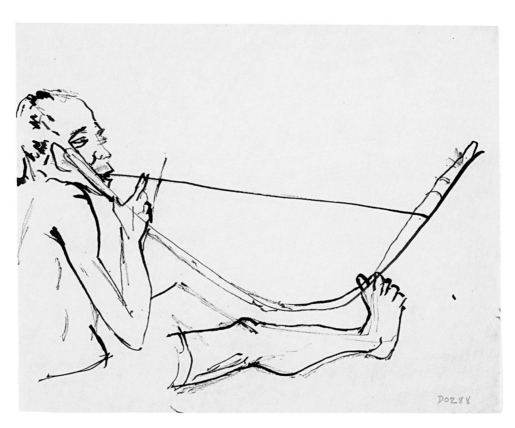

D0288

leurs mains posées, l'intensité de la concentration qui les tient accroupies sur le rectangle, la planche qui à la fois les réunit et les sépare. À cet égard, il est peut-être utile de rappeler les nombreuses photographies de l'intérieur du Palais du Camp Putnam [Fig. 4 p. 20], où l'échiquier concentre souvent l'ensemble de la composition du salon, et suggère – peut-être trop facilement, pour l'imagination facilement éveillée – les luttes de pouvoir dans les flux et reflux de l'affection, de la compétition, du travail et de la vision partagés, et – de la part de Putnam, par moments – la manie homicide qui caractérisait le mariage Eisner/Putnam. Une autre photographie d'un plateau de jeu, également dans les archives Houghton, étend les implications du jeu bien au-delà du domaine personnel. Sur cette image, Eisner et un homme blanc sont assis devant un plateau de scrabble, tandis qu'un guérisseur africain en grande tenue, avec un masque imposant, se penche sur le jeu et tend la main pour prendre une pièce [Fig. 6]. La photo fut prise par le jeune anthropologue Colin Turnbull, invité des Putnam à Epulu ; l'homme blanc qui joue avec Eisner est l'ami de Turnbull, Newton Beal. Cette photographie mise en scène déclenche ce que James Thurber a appelé, dans un contexte très différent, un « parfait cliquetis de vibrations ». L'occupation coloniale de l'Afrique pouvait elle-même être vue comme un vaste jeu, souvent homicide, parfois génocidaire, qui se jouait sur l'échiquier du continent. Il y avait plus de trois

Fig. 6 Colin Turnbull, *Partie de Scrabble : Newton Beal, Anne Eisner et un sorcier*, 1957, collection Houghton Library, Harvard University, Cambridge, États-Unis

joueurs, bien sûr, mais sur cette photographie d'Epulu, le jeu a été simplifié pour n'inclure que la femme blanche-peintre-observatrice, son compagnon blanc et l'homme-médecin africain, une sorte de représentant officiel de son peuple. Le jeu peut sembler donner à l'Africain et aux Blancs coloniaux un statut égal et faire de leurs relations une cérémonie non violente. Mais les termes du pouvoir qui organisent le jeu et la photographie – et la technologie même de la création d'images photographiques – favorisent entièrement les colons blancs.

Anne Eisner, en tout cas, jouait le jeu à sa manière. Il s'agissait de participer avec sympathie et une curiosité vitale à la vie des gens parmi lesquels elle vivait. L'un de ses talents personnels était l'intimité, et c'est cette intimité qu'elle dépeint souvent, avec la richesse et la subtilité des sentiments, comme dans son dessin des femmes jouant à leur jeu, ou les nombreux dessins et peintures de femmes avec des enfants, ou de femmes s'arrangeant mutuellement les cheveux. Le travail est un autre de ses dons, et un motif de son art. Elle-même travailleuse acharnée, elle respectait manifestement la discipline, l'artisanat et la dévotion à une tâche. Déjà, en pensant à son traitement des articulations de la cheville, nous avons vu comment elle pouvait faire en sorte qu'une seule ligne reflète le travail d'une articulation durement pressée. Mais de nombreux dessins pour *Madami* et dans les archives Houghton montrent des personnes concentrées sur des tâches réelles : transporter des cruches et des paniers, fabriquer des outils. Dans le dessin de l'homme assis dans une pièce, se préparant à tisser une natte à partir de bandes de feuilles de palmier, par exemple, son trait (plume et encre sur crayon) reproduit dans ses propres pauses et pressions la concentration musculaire du travailleur : les muscles se contractent dans ses épaules et ses bras, les jambes puissantes s'écartent pour l'équilibrer, les genoux maintiennent l'angle et les pieds l'ancrent à la terre. Le dessin se préoccupe également de le placer dans l'environnement dans lequel son travail a un sens : avec quelques lignes économiques, Eisner indique les planches des murs et du toit de la hutte, le tambour et le tabouret bas, des objets tous fabriqués par l'intelligence et le travail humains, et tous contenus dans le flux et le reflux d'un ensemble spatial.

Au-delà des dimensions sociales de ces scènes de travail et de jeu, dans lesquelles Eisner tire un style de dessin de l'observation du style de mouvement de ses sujets, elle transpose dans son art africain sa préoccupation antérieure pour les gens dans la nature. Finalement, elle a tellement absorbé l'esprit de la forêt de l'Ituri qu'elle peint celle-ci sans personnages, la trame des frondes et le rotin rugueux et poilu des troncs de palmiers indiquant suffisamment sa propre identification avec le monde de la forêt qui définissait si bien la vie des Pygmées. De nombreux dessins et peintures, cependant, étudient les humains – qu'il s'agisse des Pygmées ou des Africains noirs – en relation avec la forêt. Là encore, elle compose en réponse active aux limites de la page. Dans le dessin au stylo et à l'encre des bâtiments du camp sous les palmiers, les traits délicats indiquent à la fois les formes et les textures individuelles des troncs d'arbres, des frondes arquées et des lignes de toit, tout en suivant un rythme global qui maintient les éléments humains et naturels dans une harmonie provisoire – une harmonie aussi délicate, peut-être, que le trait du stylo qui l'enregistre.

Cette harmonie, entre les hommes et entre les hommes et la nature, explorée quotidiennement par Anne Eisner au cours de ses huit années à Epulu, devait en tout cas s'avérer plus provisoire que les traits du stylo qui l'a dessinée. Les dessins ont survécu. Ils ont servi de base aux peintures audacieuses et glorieusement colorées d'Eisner sur la vie africaine : des femmes travaillant, comme dans *Two Women Working* [Pl. 19], où les formes du corps, le tissu à motifs, le mortier, le pilon, le panier, le palmier et l'espace environnant ont tous la même facture, la même matérialité et la même vitalité qui s'entrechoquent et se juxtaposent. Ou encore *Woman Cooking* [Pl. 21], où la figure humaine hiéroglyphique accroupie au premier plan est à la fois parfaitement lisible en tant que corps dans l'espace, mais fonctionne également comme une inscription linéaire liée aux feuilles de palmier griffonnées à l'arrière-plan, en tension avec les larges taches de clair-obscur des plans de couleur. Ces peintures ont laissé la description loin derrière. Elles accomplissent des actions en coups de pinceau analogues aux réalités qu'elles évoquent : les personnes représentées, le peintre qui dépeint, sont réunis dans un rythme psychique de vision participative.

Les peintures forestières de 1960 ont tellement distillé la vision, que les gens disparaissent complètement. Comme *Pygmy Camp* [Pl. 6], un de ses premiers tableaux, ces peintures ont des compositions vaguement centralisées et dispersent leurs événements de manière assez uniforme sur la surface. Mais la ressemblance s'arrête là. Ici, aucune anecdote n'occupe le pinceau, aucun contour n'enferme une forme. La couleur, le contraste des valeurs, les coups de pinceau individuels, tous mènent une vie indépendante et juteuse, tout en évoquant des arbres particuliers dans une lumière et un lieu particuliers. Des lignes calligraphiques étroites, claires et sombres, se répandent sur les traits de feuilles plus larges. Ces forêts sont des fontaines de lianes, de troncs et de frondes, brillamment sombres en couleur terre d'ombre et en viride et parfaitement vivantes dans la poussée et la traction du geste réactif.

En 1960, Eisner peint l'Afrique de mémoire et d'après ses dessins, à New York, après y être retournée en 1958, incapable de faire fonctionner le Camp Putnam toute seule. Le 30 juin 1960, le Congo obtient son indépendance vis-à-vis de la Belgique. En quelques semaines, comme on le sait, le pays s'enfonce dans des guerres de sécession provinciale, la torture et l'assassinat du Premier ministre congolais, Patrice Lumumba, et le coup d'État de Joseph Mobutu, qui reviendra en 1965 pour diriger et dépraver le pays pendant trente-deux ans. Le destin du Zaïre – aujourd'hui République démocratique du Congo – aux mains de Laurent Kabila jusqu'à sa mort, et dans les affres de la guerre civile, semble avoir été celui d'une angoisse politique presque sans répit, et les forêts sont des lieux de camps de base pour les guérilleros et les réfugiés désespérés. À la lumière – ou plutôt dans l'obscurité – de la domination belge du Congo et du chaos postcolonial qui s'en est suivi, la vision d'Eisner d'Epulu est une sorte de pastorale : la célébration d'une vie communautaire menée en harmonie avec une nature d'une profondeur et d'un mystère magistraux. Comme toute pastorale, elle reconnaît implicitement ce qu'elle prétend exclure : le monde du temps et de la politique, juste au-delà des frontières de son propre monde radieux et intemporel. Ce monde a-t-il jamais existé ? Il a existé au moins, et existe toujours, dans les peintures d'Anne Eisner.

[1] Toutes les citations sont tirées des « papers » d'Anne Eisner, dans les Anne Eisner Putnam Papers, archivés à la Houghton Library de l'université de Harvard.

Modernisme et ethnologie dans l'Ituri :
Anne Eisner, Colin Turnbull et les Mbuti

Enid Schildkrout

Dans l'imaginaire du public, notamment aux États-Unis, les Mbuti, parfois encore appelés Pygmées, sont étroitement associés au nom de Colin Turnbull. Le best-seller de l'anthropologue, paru en 1961, *The Forest People*, créa une image romantique des Mbuti, vivant dans un monde magique et édénique, qui était l'antithèse, voire l'antidote, du matérialisme et du malaise de l'Occident. Le livre de Turnbull déplaça le discours sur les Mbuti de l'examen de leur corps, autrefois considéré comme un « chaînon manquant » de l'évolution, vers les aspects de leur vie intellectuelle et esthétique, en particulier la musique, la danse et la religion. Pour de nombreux lecteurs de Turnbull, les Mbuti devinrent des symboles de liberté, de créativité et de la capacité perdue de l'humanité à vivre en harmonie avec la nature, tandis que Turnbull lui-même devint un explorateur intrépide et mythique vivant seul dans la forêt, avec les Mbuti comme seuls compagnons et guides.

Cependant, comme beaucoup d'autres anthropologues, Turnbull s'appuya sur un large cercle de partisans – y compris des informateurs et des assistants sur le terrain, d'autres universitaires, des amis et des parents. Il avait une dette particulière envers Anne Eisner qui, avec son mari Patrick Tracy Lowell Putnam, le présenta aux Mbuti, lui fournit une grande partie des informations qu'il recueillit lors de ses deux premiers voyages au Congo en 1951 et 1954[1], le mit en contact avec Kenge, son principal guide et informateur, et contribua à l'obtention de son poste de conservateur à l'American Museum of Natural History (AMNH) de New York.

Cet article explore les relations d'Anne Eisner, de Patrick Putnam et de Colin Turnbull et leur rapport avec les collections Mbuti de l'AMNH. Je m'intéresse ici à la manière dont ils collectèrent les objets et à la façon dont ils utilisèrent ces collections pour construire le Pygmée dans l'imaginaire américain[2]. Je me concentre particulièrement sur les tissus d'écorce attribués aux archers Sua par Turnbull et aux Pygmées Bira par Eisner. Parce qu'ils

Fig. 1 *Woman Cooking II*,
1951-1952
(Pl. 8, détail)

sont peints à main levée avec des motifs noirs et rouges audacieux, ces tissus, plus que tout autre élément des collections, suggèrent des questions sur la façon dont, au milieu du XX⁰ siècle, la culture matérielle reflétait les interactions complexes qui avaient lieu dans l'Ituri entre les Mbuti et leurs voisins, africains et européens.

La vie de ces trois personnes fut changée à jamais à partir du moment où elles entrèrent dans la forêt d'Ituri, dans ce qui était alors le Congo belge. Patrick Putnam (1904-1953) se rendit au Congo en 1927, après avoir étudié l'anthropologie à Harvard, et y resta jusqu'à la fin de sa vie. Anne Eisner (1922-1967), une artiste new-yorkaise, suivit Patrick Putnam en Afrique, resta avec lui huit ans et, à partir de ce moment-là, axa son art sur son expérience africaine. Colin M. Turnbull (1924-1994) se rendit en Afrique, encore incertain de sa future vocation, rencontra Eisner et Putnam, et à travers eux, les Pygmées Mbuti, et décida de devenir anthropologue. Dans le cas de Turnbull, son voyage en Afrique avec un ami musicologue, Newton Beal, fit suite à deux années en Inde, consacrées en partie à une quête spirituelle et en partie à l'étude de la musique. C'est la rencontre fortuite de Turnbull avec Anne Eisner et Patrick Putnam en 1951 qui le conduisit à ses recherches sur les Mbuti, et, grâce à une présentation par Eisner à Harry Shapiro, directeur du département d'anthropologie de l'AMNH, à un poste de conservateur à partir de 1959[3], et finalement à son doctorat à Oxford en 1964. Turnbull quitta le musée dix ans plus tard, après avoir publié la plupart de ses travaux sur les Mbuti, dont le best-seller de 1961, *The Forest People*, et après être devenu une personnalité médiatique. Pendant son séjour au musée, Turnbull fut le conservateur du Hall of African Peoples ; celui-ci fut inauguré en 1969, d'abord sous la désignation de « Man in Africa », et n'a pratiquement pas changé depuis[4]. Un diorama présentant des modèles d'hommes Mbuti chassant dans la forêt d'Ituri est toujours, aujourd'hui en 2023, la pièce maîtresse de cette salle [Fig. 2].

Les Mbuti, à l'époque plus fascinants pour les anthropologues physiques que pour les ethnologues, faisaient depuis longtemps l'objet d'expositions et de recherches à l'AMNH. La plus importante collection africaine du musée provient de l'expédition au Congo de 1909-1915, dirigée par Herbert Lang, un mammalogiste, et James Chapin, un ornithologue (Schildkrout et Keim, 1990). Cette expédition eut lieu près de l'endroit qui devint le Camp Putnam. Herbert Lang recueillit des moulages de corps, des photographies, des mesures corporelles et des artefacts des Pygmées Akka,

Fig. 2 Diorama avec Pygmées, African people Hall, American Museum of Natural History, New York, États-Unis

et publia un article sur les « nains nomades » qui vivaient parmi les Mangbetu et les Azande (Lang, 1919). James Chapin, qui devint un ami de Putnam, était encore au musée lorsque Turnbull arriva. Mais même avant cela, le musée avait eu une association avec un Pygmée vivant : le malheureux Ota Benga, qui avait été déposé au musée, et plus tard au zoo du Bronx, par le missionnaire et collectionneur Samuel Phillips Verner (Bradford et Blume, 1992). Les Mbuti et autres soi-disant Pygmées, leurs corps et leurs objets, étaient considérés comme des spécimens scientifiques idéaux pour un musée d'histoire naturelle, renforçant, dans la première moitié du XXᵉ siècle, les liens étroits entre les idées sur la race et la culture.

Bien que Turnbull soit à l'origine d'un changement majeur dans la façon dont les Pygmées étaient perçus par le public américain, il devait également s'inscrire dans le programme scientifique global du musée. Cela signifie que son intérêt pour la musique, la religion et la philosophie devait être intégré aux théories anthropologiques du moment. Formé dans la tradition britannique de l'anthropologie sociale, il avait tendance à voir la culture en termes de modèle organique d'institutions qui se croisent. À l'instar des systèmes biologiques, les parties fonctionnaient ensemble pour soutenir la société comme une sorte d'organisme social. Ce point de vue influença la façon dont il conceptualisa la relation entre les Mbuti et les villageois, en tant que sociétés distinctes, et influença la façon dont il représenta les Mbuti au musée, à la fois en cataloguant les collections et comme conservateur de l'African Hall.

En plaçant les Mbuti dans le contexte d'une salle ethnographique qui mettait l'accent sur les institutions sociales, plutôt que sur l'évolution physique ou culturelle, Turnbull déplaça l'attention des Mbuti en tant que spécimens physiques vers l'ethnographie. Cela ne veut pas dire que ce changement fut facile ou complet. Bien qu'il ait été très humaniste et qu'il se soit intéressé à l'esthétique Mbuti, il n'alla pas jusqu'à présenter dans cette exposition les réalisations artistiques de la culture Mbuti. En termes de pratique muséologique, il n'était pas intéressé par les expositions qui retiraient les artefacts Mbuti du contexte de l'environnement forestier, ou qui isolaient l'art des explications sur sa fonction sociale[5]. Par conséquent, dans l'African Hall, si ce n'est dans ses écrits, l'intérêt de Turnbull pour la philosophie, la musique et la religion des Mbuti était éclipsé par la représentation très concrète des Mbuti en tant que chasseurs forestiers. Comme l'ont noté des critiques comme Donna Harraway (1989) et Mieke Bal (1992), la proximité même du diorama de la forêt Mbuti avec la salle des mammifères africains et ses nombreuses représentations d'animaux renforçait implicitement l'impression que les Mbuti faisaient partie de la nature plutôt que de la sphère culturelle.

Avant même que Turnbull ne devienne anthropologue professionnel, avec un doctorat d'Oxford, son éducation à la prestigieuse Westminster School et au Magdalen College d'Oxford contrastait avec l'identité d'Eisner, artiste new-yorkaise et ethnographe autodidacte. Eisner n'aspira jamais à devenir une anthropologue professionnelle, même si Putnam, qui avait reçu une formation anthropologique à Harvard, lui avait appris à prendre des notes minutieuses sur ses observations des Mbuti. Pour de nombreuses raisons, dont un besoin occasionnel de s'éloigner de Putnam et de ses épouses africaines, et son désir de peindre dans la forêt, Eisner passa beaucoup de temps dans les camps Mbuti (voir Mark, 1995 ; Putnam et Keller, 1954). Elle installait son chevalet et peignait, observait les cérémonies, jouait avec les trois enfants Mbuti dont elle s'occupait, enregistrait les légendes et les histoires que lui racontaient les Mbuti, et prenait des notes sur ce qu'elle voyait. Lorsqu'elle rencontra Turnbull, qui était, pour tous ceux qui l'ont rencontré, une personnalité attachante et séduisante, elle partagea volontiers ses connaissances et facilita son entrée dans la vie des Mbuti. Mais en fin de compte, la préférence de Turnbull pour l'ethnographie plutôt que pour l'art, et son insistance sur le fait que l'art africain ne pouvait être compris qu'en termes d'institutions sociales, fut l'un des nombreux points sur lesquels Eisner et lui étaient en désaccord.

En plus de son introduction à la communauté Mbuti, Turnbull avait d'autres raisons d'être reconnaissant envers Eisner. L'ami de Putnam et camarade de classe à Harvard, Carleton Coon, était un contemporain de Harry Shapiro, également ancien élève de Harvard. Grâce à ces contacts, Eisner et Putnam établirent une relation avec l'AMNH, en commençant par un don de quelques artefacts du Congo. Plus tard, cette relation déboucha sur des collections plus importantes, certaines vendues et d'autres données au musée, et conduisit également à la nomination de Turnbull au sein du personnel. Des années plus tard, Turnbull reconnut sa dette envers Putnam, mais sa relation avec Eisner devint de plus en plus tendue (Mark, 1995, p. 169). Non seulement leur relation personnelle se détériora, mais ils étaient également en désaccord sur des points spécifiques de l'ethnographie Mbuti, et sur l'importante question de la manière dont l'art africain devrait être compris. En fin de compte, le nom d'Anne Eisner n'apparaît pas dans *The Forest People*. Dans *Wayward Servants*, un livre un peu plus érudit, basé sur la thèse de doctorat de Turnbull, elle n'apparaît que dans un bref remerciement à « M. et Mme Putnam » (1965:8). Dans son dernier livre sur les Mbuti (Turnbull, 1983), l'héritage de Putnam est chaleureusement reconnu, mais Eisner n'est mentionnée que comme l'une des épouses de Putnam.

Toutefois, avant que Turnbull ne devienne un anthropologue célèbre, la contribution d'Eisner à sa carrière fut importante. Il l'a reconnue dans sa thèse de licence en lettres de 1957 de l'université d'Oxford, rédigée après seulement deux visites au Congo, totalisant sept mois, en 1951 et 1954. La thèse résume la littérature existante sur les Pygmées et propose sa recherche doctorale ultérieure. Elle se base presque entièrement sur deux sources primaires : les travaux publiés de Paul Schebesta sur les archers de la forêt d'Ituri, et les notes, documents et communications personnelles de Putnam et Eisner sur les chasseurs de filets Mbuti. Eisner prêta les notes à Harry Shapiro qui, avec sa permission, les transmit à Turnbull. Turnbull décida d'incorporer ce matériel dans sa thèse, dans une section intitulée « Les chasseurs de filets (d'après Putnam) ». Il inclut des informations tirées des notes de Putnam, ainsi qu'une collection de légendes qu'Eisner avait écrites, en anglais, pendant plusieurs années[6]. Une fois ce travail achevé, il semble que Turnbull ait eu le sentiment de s'acquitter une fois pour toutes de sa dette intellectuelle envers les deux auteurs. Ce n'est que dans son dernier livre, publié deux décennies plus tard, que Turnbull décrivit l'importance du Camp Putnam dans l'écologie sociale de la forêt d'Ituri à l'époque coloniale (Turnbull, 1983).

Turnbull a publié sa thèse de doctorat en 1965 sous le titre « Les Pygmées Mbuti : une enquête ethnographique », dans les *Anthropological Papers of The American Museum of Natural History* (1965). Eisner et Turnbull avaient tous deux donné des collections d'objets pygmées (Mbuti et Sua) à l'AMNH, et certains d'entre eux apparaissent dans la publication sous forme de dessins au trait. Mais le lecteur ne peut pas dire quels objets Turnbull, Eisner ou Putnam collectèrent, même si cette information est disponible dans les archives du musée. À cette époque, cependant, Eisner et Turnbull se parlaient à peine, et le fait qu'Eisner soit reconnue dans cette obscure monographie savante n'apaisa pas son sentiment d'avoir été ignorée dans son précédent ouvrage populaire.

Richard Grinker (2000, p. 108) écrit que l'incapacité de Turnbull à reconnaître sa dette envers Eisner a des racines psychologiques profondes, qui remontent à ses sentiments envers sa propre mère, et les femmes en général. Quant à Eisner, ses sentiments étaient compliqués : après la mort de Putnam en 1953, elle voulut continuer à faire fonctionner le camp et espéra pendant un certain temps que Turnbull pourrait l'aider. Ce ne fut pas le cas, car il avait d'autres projets et passait le moins de temps possible au camp. Au-delà des différences personnelles, la monographie de l'AMNH de 1965 révèle la dispute intellectuelle sous-jacente qui se développait entre eux : leurs approches respectives des Mbuti et l'équilibre entre une approche ethnographique et une approche esthétique de l'art africain.

En tant qu'anthropologue, Turnbull se considérait comme un humaniste qui s'intéressait à la religion, à l'esthétique et surtout à la musique – autant d'intérêts qu'il partageait avec Eisner. Dans son œuvre populaire, et dans certaines de ses lettres ultérieures, il s'éloigne de plus en plus de l'empirisme et des tentatives, évidentes dans son œuvre savante, de présenter l'ethnographie comme une science. Cela est particulièrement évident dans les années qui suivent son départ de l'AMNH, lorsque sa déception à l'égard de l'establishment scientifique, y compris les musées et les universités auxquels il avait été associé, devient manifeste (voir Grinker, 2000). Au début de sa carrière, cependant, Turnbull se servit du manque de formation scientifique d'Eisner pour justifier le fait qu'il ne tenait pas compte de sa contribution. En tant qu'étudiant diplômé à Oxford, puis en tant que conservateur à l'AMNH, Turnbull dut démontrer qu'il était un spécialiste sérieux des sciences sociales. L'art Mbuti, écrivait-il, n'a de sens que dans la mesure où il fait « partie de la structure sociale » et « fonctionne » comme un « mécanisme de régulation » (Turnbull, 1965, p. 273). Il était conscient qu'au musée, il devait marcher et parler comme un scientifique, et que l'anthropologie américaine était considérablement plus théorique, du moins dans le langage qu'elle utilisait, que la britannique. Comme il l'écrit sarcastiquement à son professeur d'Oxford, E. P. Evans-Pritchard, à la veille de sa nomination à New York, « Pensez-vous qu'après quelques mois aux États-Unis, je serai en train d'émettre des opinions et de faire des différences ? Je pense intituler ma thèse, après le travail de cette semaine, "La nature pyramidale de la 'structuration héxéologique' chez la population pygmée du Congo". C'est pour l'édition américaine […], l'édition anglaise serait plutôt "Sorcières et garces". » (Grinker, 2000, p. 108).

Dans l'une des nombreuses lettres qu'il a écrites à Shapiro entre 1957 et 1959, il évoque les discussions en cours avec Eisner sur la façon dont l'art africain devrait être exposé :

> « Anne a reçu une coupure de presse relatant votre controverse avec Robert Goldwater [directeur du Museum of Primitive Art de New York]. J'ai eu des discussions similaires avec Anne, je peux donc vous comprendre. J'aurais dû penser que l'art primitif, de tous les arts, ne peut vraiment être apprécié et compris que dans son contexte complet, en tant que partie intégrante d'une culture. Hors de ce contexte, il perd sûrement la plupart de son sens pour le profane, et ne profite éventuellement qu'à quelques artistes hautement spécialisés qui, de toute façon, ont probablement accès aux vitrines et aux réserves des musées. Mais je ne suis pas sûr de comprendre les peintres et les sculpteurs de toute façon, et je suppose que s'ils veulent s'asseoir dans une vaste salle consacrée à un simple morceau de bois, ils devraient y être autorisés ! Que pensez-vous de l'accusation du Dr G selon laquelle vous "minimisez les valeurs esthétiques[7]" ? »

Turnbull, en tant que scientifique, rejetait l'approche esthétique d'Eisner à l'égard des Mbuti, bien qu'il ait lui-même été accusé plus tard par de nombreux anthropologues de créer un monde fictif dans la forêt d'Ituri.

Le « Dude Ranch » (l'expression de Putnam pour qualifier le camp) de Putnam, dans la forêt d'Ituri, accessible par la route dans les années 1940 et 1950, était le point d'entrée dans la forêt tropicale du Congo oriental pour les visiteurs occidentaux. Turnbull n'était qu'un des nombreux visiteurs, composés de touristes, de photographes et de cinéastes, de scientifiques, de collectionneurs, d'écrivains et d'administrateurs coloniaux, qui étaient passés par Epulu entre le moment où Putnam établit le camp en 1933 et la disparition progressive de celui-ci dans la décennie précédant l'indépendance du Congo vis-à-vis de la Belgique en 1960. Turnbull et d'autres pénétrèrent dans le monde pygmée par le Camp Putnam, employèrent son personnel comme guides et utilisèrent l'endroit comme base pour leurs séjours dans la forêt. Leurs expériences, ainsi que les objets qu'ils collectèrent, furent profondément influencés par le monde que Putnam, ses épouses, en particulier Eisner, et ses assistants africains avaient construit le long de la rivière Epulu.

Patrick Putnam se rendit pour la première fois en Afrique lors d'une expédition anthropologique de Harvard en 1927. Il y resta jusqu'à la fin de sa vie, revenant occasionnellement dans sa patrie d'origine pour rendre visite à ses amis et à sa famille, à ses collègues et à d'éventuels partenaires commerciaux. Malgré sa grande connaissance des Mbuti, il ne publia jamais quoi que ce soit d'important, mais consacra plutôt son temps à diriger une station médicale au Congo. Il transforma également sa maison en un hôtel géré principalement par ses épouses américaines successives et son personnel africain, y compris les Bantous locaux et les Pygmées Mbuti. Vers 1948, lorsqu'il épousa Anne Eisner, sa troisième femme américaine, il était confronté à de graves problèmes financiers. Étant donné l'intérêt d'Anne pour l'art, tous deux entreprirent plusieurs voyages de collecte qui devaient déboucher sur un commerce d'art et de curiosités africaines. Ils collectèrent donc des œuvres d'art et encouragèrent les artistes locaux à reproduire des masques pour les vendre aux visiteurs du camp.

Lorsque Eisner vivait au Camp Putnam, elle organisa de nombreuses activités pour les invités. Les photographes et les équipes de tournage, les écrivains, les chasseurs de safari, les scientifiques en visite et les collectionneurs pouvaient profiter de la vue sur la forêt depuis le « Palais » d'Epulu. Ils pouvaient faire des randonnées dans la forêt et même participer à des parties de chasse organisées avec les Mbuti qui vivaient autour du camp. Elle s'arrangeait pour que les Mbuti et les villageois fassent des démonstrations de construction de maisons, de sculpture sur bois et de tissage d'écorces. Les visiteurs photographièrent des spectacles musicaux et des danses. Kenge, un Mbuti qui grandit au Camp Putnam, devint l'assistant de Turnbull et travailla ensuite avec Robert Farris Thompson, lorsque celui-ci vint étudier les tissus d'écorce, la musique et la peinture corporelle pygmées (Thompson et Bahuchet, 1991[8]). L'hôtel d'Epulu, sous la direction d'Eisner, devint un centre de production artistique et ne fut plus seulement une porte d'entrée dans la forêt.

Putnam organisait des marchés hebdomadaires au camp, à la fois pour obtenir des provisions et pour encourager certains types de production artisanale. Eisner décrivit le jour du marché comme un « grand jour ». Les Africains des villages environnants apportaient des légumes, des poulets et des animaux pour leur petit zoo. « Nos Pygmées apportent des tissus d'écorce, des nattes de couchage ou des poteries[9]. » En échange, Putnam et elle vendaient des cigarettes, des vêtements, des crayons, des timbres, des carnets, du savon et du sel. Les lettres d'Eisner révèlent comment ce marché commença à influencer le type d'art qui était produit :

> « Pat en a été l'instigateur dans le double but d'obtenir des bananes plantains des indigènes des villages voisins et d'encourager les compétences et l'artisanat locaux. Après mon arrivée et après avoir passé un certain temps à visiter plusieurs maisons du village pour faire des croquis, certaines personnes ont commencé à sculpter des figures amusantes et à décorer leurs pipes, ce qui, selon Pat, n'avait jamais été fait auparavant. Même les Pygmées se sont donné beaucoup de mal pour décorer leur tissu d'écorce parce qu'ils savaient que ça me plairait. Nous achetons des articles faits à la main, anciens et nouveaux[10]. »

L'intérêt d'Eisner pour l'art africain se manifesta dès qu'elle décida de suivre Putnam en Afrique. Au cours des années où elle vécut là-bas, elle passa du statut d'observatrice intéressée à celui de collectionneuse passionnée. Elle commença également à influencer le travail que les Africains produisaient, non seulement en raison de ce qu'elle choisissait de collectionner, mais aussi en raison de son travail de peintre. En tant qu'artiste, Eisner commenta les capacités des Africains en tant que sculpteurs, et leur « sens du design ». Elle décrivit la dynamique de cet échange dans une lettre adressée à sa famille le 4 décembre 1948. Après avoir averti sa famille de se tenir prête à recevoir d'autres envois d'œuvres d'art, que Putnam et elle prévoyaient de vendre pour aider à soutenir le camp, elle écrivit :

> « Je viens de vous envoyer une statuette magique comme cadeau de Noël. Elle est faite par un homme d'environ trente-cinq ans qui

s'appelle Onkaliwayni et qui est, je crois, un sculpteur merveilleux [...] C'est une de ses vieilles statuettes, mais je l'ai vu en faire d'autres tout aussi réussies. Je voudrais envoyer quelques-unes de ses choses à des expositions et voir s'il ne peut pas gagner quelques prix [...] Il travaillait chez nous tous les jours, surtout à peindre des masques. Ce n'est que vers la fin de notre séjour que nous avons découvert qu'il était le sculpteur de nos objets préférés [...] Pat lui en a fait sculpter un autre sous nos yeux et à partir de là, nous l'avons gardé comme sculpteur. En tant que peintre, il avait un très mauvais sens du design[11]. »

Putnam se faisait un devoir de traverser une région différente de l'Afrique chaque fois qu'il revenait d'Europe ou des États-Unis. En 1946, lors du premier voyage d'Eisner, ils passèrent un an à traverser l'Afrique occidentale et centrale en voiture, collectionnant des œuvres d'art en cours de route. Ils s'arrêtèrent, souvent pour plusieurs semaines, au Liberia, au Nigeria et au Cameroun. Ses lettres décrivent des visites fréquentes aux marchés dans presque chaque ville et village. Elle dessinait ce qu'elle voyait et commença à s'instruire sur la façon dont l'art était utilisé, fabriqué et commercialisé. Elle commença à faire la distinction entre l'art fait pour être utilisé et l'art fait pour être vendu aux touristes. Elle observa les techniques de sculpture et essaya de distinguer le bon art du mauvais. À propos d'un achat au Nigeria, elle déclara : « Nous n'avons acheté que quelques masques dits "beaux", que je trouve relativement ennuyeux, comme de jolies filles[12]. » Bien que sa connaissance de l'Afrique fût très limitée à cette époque et que ses raisons de collectionner des objets spécifiques ne fussent pas claires, elle aimait regarder, apprendre et acheter, ce qu'elle faisait assidûment. Peut-être en raison de sa formation d'artiste ou de sa connaissance des récentes expositions new-yorkaises (MoMA en 1935 ; Weyhe Gallery en 1940), elle distinguait les objets qu'elle considérait comme « artistiques » de ceux qu'elle considérait comme ethnographiques. Elle s'impliqua tellement dans la collection qu'elle dit plus tard qu'elle était envahie par une « sorte de manie du collectionneur, si bien que je m'exclamais à chaque fois "Oh, je dois garder celui-là pour moi !" ».

Eisner et Putnam ne cessaient de se retrouver à court d'argent, d'obtenir d'autres fonds et d'acheter d'autres objets. Son mari, a-t-elle dit à sa famille, finit par devenir « un collectionneur aussi passionné que moi[13] ». Au Nigeria, ils se lancèrent dans une frénésie d'achats et organisèrent des marchés quotidiens dans leur véranda, où les sculpteurs locaux apportaient des masques et des statues à vendre. Ils exposaient leurs achats, encourageant les gens à apporter de plus en plus d'objets. « Une merveilleuse collection de masques a commencé à affluer, ainsi que des cloches fascinantes, et de la camelote de toutes sortes – une lampe à pétrole cassée, des cuillères brisées, des pièces d'horlogerie – que les fournisseurs étaient très déçus de ne pas nous voir saisir[14]. » Dans l'est du Nigeria, certains des sculpteurs commencèrent à faire des copies des masques qu'ils avaient achetés au Liberia. Ils visitèrent des ateliers d'artisanat, comme la guilde des tisserands, créée en 1942 à Ikot Ekpene, et une coopérative de sculpture à Awka. Au Bénin, ils visitèrent le musée, une école d'art avec des fondeurs en laiton, et une série de sanctuaires béninois[15]. Eisner commentait et comparait les travaux anciens et nouveaux, ainsi que les compétences relatives des sculpteurs, des fondeurs et des tisserands des différents villages.

En 1948, de Port Harcourt, au Nigeria, Putnam envoya quelques textiles et une chaise Senufo au Brooklyn Museum of Art[16]. Sur les quatre-vingt-dix masques Ibibio provenant d'un village du Nigeria, quarante et un parvinrent à l'AMNH. Certains d'entre eux étaient des plaques murales décoratives destinées à être vendues aux étrangers, tandis que d'autres ont pu être utilisés lors de cérémonies. Lorsque Turnbull installa le African Hall, il inclut trente-deux objets collectés par les Putnam, dont deux belles coiffes Ekoi de la Cross River recouvertes de peaux.

Le premier objet que Putnam envoya à l'AMNH, en 1947, fut un camion-jouet. Il arriva sans lettre ni explication, mais donna lieu à une correspondance avec Harry Shapiro, qui écrivit :

> « Le modèle indigène d'un camion est arrivé l'autre jour en bon état. Le léger dommage qu'il a subi pendant le transport peut, je pense, être réparé sans trop de difficultés. Il s'agit certainement d'un aspect amusant du processus d'acculturation en Afrique. Je suppose que c'est un produit des gens qui vivent dans votre voisinage. J'espère que ceci est le prélude à d'autres contributions, que vous pourrez recueillir de temps en temps[17]. »

C'est là un objet curieux que Putnam envoya comme première donation au musée. Il témoigne de son intérêt pour la culture contemporaine des peuples africains et de sa reconnaissance de la nécessité de documenter le changement social. Il confirme également la suggestion de Joan Mark selon laquelle le débat entre Putnam et Carleton Coon portait en partie sur la question de savoir si l'anthropologie devait se concentrer sur la documentation de la « tradition » anhistorique ou sur la reconnaissance du dynamisme et du changement dans les cultures africaines (Mark, 1995, pp. 122-23). Putnam répondit à la lettre de Shapiro en expliquant qu'il s'était rendu au musée et que, trouvant Shapiro « occupé à accomplir certains rites traditionnels américains concernant des membres de la communauté récemment décédés », un assistant du département lui avait dit que le musée « s'intéressait non seulement aux objets d'autrefois, mais aussi à des échantillons de ce qui se faisait aujourd'hui, d'où ce camion[18]. » Dans un « P.-S. », Putnam disait qu'il venait d'épouser Anne Eisner et demandait à Shapiro de transmettre la nouvelle à Chapin et Coon.

Après leur mariage, en 1948, le couple entreprit un nouveau voyage d'achat d'art, cette fois au Congo. Ils traversèrent les régions du Kasaï, du Sankuru et du Kwango, toutes des zones où la production artistique était beaucoup plus abondante que dans l'Ituri. Eisner commença à étudier le peu d'érudition qu'elle pouvait trouver sur l'art africain, recherchant des catalogues et des livres sur l'art africain, y compris le catalogue du Museum of Modern Art[19]. Elle écrivit à sa famille :

« Nous avons trouvé très utile un article de Himmelheber sur la baYaka […] nous traversons une grande partie du pays que Himmelheber a si bien étudié[20]. Nous sommes d'accord avec la plupart des choses qu'il dit, mais pas toutes. Il dit que les statues magiques sont pauvres et je ne suis pas d'accord. Il a cependant voyagé beaucoup plus que nous, mais nous avons […] passé à peu près autant de temps chez les baYaka. Là où il a obtenu cent cinquante masques, nous n'en avons eu que vingt-cinq […] Je vous ai envoyé des exemples de baYaka, et nous avons envoyé des caisses et des caisses à l'Epulu. Nous ne voulons pas inonder le marché américain et souhaitons maintenir des prix élevés, mais nous sommes toujours prêts à en envoyer davantage. Nous avons également envoyé des objets directement à divers musées, comme le Peabody, à Brooklyn et le Natural History, mais plutôt d'un point de vue ethnographique. Arcs et flèches inclus. Nous avons également envoyé des objets au musée Leopold à Bruxelles. Pat a envoyé des fourrures avec tous leurs différents noms locaux en dialecte[21]. »

Lors de ce voyage, Eisner semblait avoir une idée plus claire de ce qui l'intéressait. Elle recueillait des informations sur les artistes quand elle le pouvait. Un masque arriva à l'AMNH avec une note identifiant le fabricant: Antoine Nsito du village de Mwela, N. Kwango [Fig. 3]. Au cours du même voyage, ils collectèrent également des paniers, des pipes, des instruments de musique et un masque BaYaka inhabituel, orné de figures représentant la naissance d'un enfant [Fig. 4]. Comme le montre Christie McDonald dans son chapitre sur l'art d'Eisner, les femmes et les enfants, la maternité en général, étaient un thème important dans son travail.

Envoyer des masques en Amérique pour les vendre signifiait qu'Eisner et Putnam devaient fixer des prix. Eisner dit à sa famille qu'ils

Fig. 4 Masque Yaka avec figurines illustrant la naissance d'un enfant, American Museum of Natural History, New York, États-Unis

dépensaient jusqu'à leur dernier centime pour l'art. Ils considéraient cela non seulement comme un moyen de joindre les deux bouts à Epulu, mais aussi, peut-être, comme un investissement à long terme. Elle écrivit à sa famille :

> « Nous avons lu que Pierre Matisse vendait de l'art africain et je me demandais si vous pouviez demander à quelqu'un [...] d'établir des prix pour nous. En outre, je voudrais savoir s'il a une grande ou une petite collection et de quoi elle se compose [...] Nous sommes très désireux de savoir quels prix les galeries demandent [...] car nous n'avons pas la moindre idée de ce qu'il faut demander. Nous voulons obtenir le plus possible, tout en vendant moins cher que les galeries[22]. »

Lorsque Putnam et Eisner retournèrent à Epulu, ils découvrirent que la plupart de leur collection originale avait été volée ou vendue par les employés. Ils n'abandonnèrent pas, mais virent plutôt cela comme une raison de collectionner davantage. Putnam divisa leur inventaire en trois catégories, pour expliquer la structure des prix :

« (1). La pacotille en ébène et en ivoire [...] fabriquée pour être vendue aux Blancs ; des choses "ne ressemblant en rien à ce que les indigènes fabriquaient autrefois pour eux-mêmes". Cela était vendu au prix courant des curiosités.

(2). Les objets fabriqués par les populations locales spécifiquement pour être vendus en imitation de leurs propres objets traditionnels (l'instrument de musique en bois que le musée avait reçu entrait dans cette catégorie). Ces objets étaient vendus avec un très petit bénéfice.

(3). De véritables pièces de musée, que nous avons collectées au prix de beaucoup de temps, de peine et d'argent, au cours de nos voyages dans diverses régions isolées d'Afrique centrale [...] Nous les vendons ici à des prix élevés, mais qui ne représentent que la moitié des prix que nous demandons lorsque nous les envoyons en Amérique (Mark, 1995, p. 147). »

Les masques Ibibio, selon Putnam, appartenaient à la troisième catégorie. Si l'on en juge par les lettres d'Eisner et par le volume d'artefacts qu'elle a ramenés, ils durent recueillir environ mille objets, dont cinq cents sont finalement allés à l'AMNH.

Après la mort de Putnam, Eisner se mit à cataloguer la collection pour l'expédier à New York. Elle avait à la fois un problème et une opportunité : trop d'objets à conserver et une chance de gagner un revenu bien nécessaire. Elle s'attachait de plus en plus à la collection et n'appréciait pas l'idée de la vendre. Elle en était venue à se considérer comme une grande collectionneuse, écrivant à sa famille :

« Bien que nous envoyions beaucoup de choses en Amérique en ce moment, je garde aussi beaucoup de choses que nous envoyons à l'Epulu. Je qualifie la plupart d'entre elles de "personnelles" [...] Pat dit que je veux toujours tout garder parce que tel objet est juste un peu différent de tel autre. Bien sûr, c'est vrai. J'ai bon espoir d'avoir un jour une grande collection africaine, si ce n'est la meilleure d'Amérique. Donc, je me précipite toujours sur ceux que je pense les plus spéciaux et dignes de n'importe quel musée. C'est avec une grande réticence que je me sépare de l'un d'entre eux, bien qu'ils deviennent une véritable hantise lorsqu'ils encombrent tous les coins et recoins. »

Elle finit par reconnaître qu'elle devait fermer Camp Putnam, emballer ses affaires et partir. Elle dut alors décider de la destination de sa collection. En 1955, il y avait environ cinq cents pièces à New York et d'autres étaient en route[23]. La collection fut entreposée en partie dans l'appartement d'Eisner à Greenwich Village et en partie chez ses parents à Woodstock, dans une pièce spécialement construite en tôle. Deux petites expositions présentèrent après son décès la collection : l'une à la Jarvis Gallery de Woodstock, en août 1968, et l'autre, organisée par Louis Finkelstein, à la Queens College Art Gallery, en mars-avril 1969. Les objets de ces expositions furent ensuite dispersés parmi les membres de la famille, certains furent vendus et d'autres donnés à divers musées.

Catalogage des collections à l'AMNH

En plus du camion-jouet, Putnam envoya au musée neuf autres objets en 1948-1949, dont « un instrument indigène ressemblant à une guitare, et un modèle d'homme, s'adressant vraisemblablement à un établi ». L'AMNH ne reçut d'autres objets qu'après sa mort.

Fig. 5 Écorce battue, 85 × 68,5 cm, American Museum of Natural History (90.2/2395), New York, États-Unis

Lorsque Eisner retourna à New York, des personnes de différents musées commencèrent à s'informer sur la collection. Bruce Hunter, du département de l'éducation de l'AMNH, vit la collection en 1955 et dit à Shapiro qu'Eisner prévoyait de faire don d'une partie de la collection au Peabody (Harvard) Museum. Shapiro écrivit à Eisner et lui demanda de discuter d'un achat ou d'un don. Puis, en 1957, Elizabeth Putnam, la tante de Putnam, écrivit à Shapiro qu'elle souhaitait réunir 2 000 $ « afin que la collection d'art et d'objets culturels réunie en Afrique par Patrick T. L. Putnam puisse devenir un mémorial dédié à son souvenir ». Le fonds fut constitué grâce à des dons du père de Putnam, Charles, de sa tante Elizabeth et de quelques amis de la famille. À ce moment-là, le musée acheta 112 objets pygmées à Anne, pour 500 $, et accepta un don de la famille Putnam de plus de 300 objets. Eisner travailla ensuite au musée pendant quelques mois pour cataloguer les collections[24].

Fig. 6 Écorce battue,
63 × 33,5 cm, American
Museum of Natural History
(90.2/2383), New York,
États-Unis

Le matériel Chokwe et Mbuti, acquis sous le nom d'Anne Eisner Putnam, comprenait plusieurs masques Chokwe et un assortiment de jupes en raphia, de sifflets, d'arcs et de flèches, d'instruments de musique, de tabourets, d'amulettes et de 28 pièces de tissu d'écorce battue [Fig. 5 et 6]. Anne catalogua certains de ces tissus comme étant des Pygmées Babira et d'autres simplement comme étant des Babira, ce qui reflète la question complexe des relations entre les Pygmées et les villageois, dont nous parlerons plus loin. Elle classa les objets en catégories, en commençant par les identifications culturelles. Elle énuméra également les types d'objets – masques, figurines, jupes, instruments de musique, pipes, cannes, une « effigie d'animal », paniers, mortiers, calebasses, cloches, baguettes, tabourets, tambours, hochets, poupée, chapeaux, torches, filet de chasse, couteaux de femme, sifflets et tissus d'écorce battue. Parmi les 505 objets que Putnam, Eisner et la famille Putnam donnèrent à l'AMNH, il y avait

Fig. 7 Antoine Nsito du village Mwela, N. Kwango, masque Yaka, American Museum of Natural History, New York, États-Unis

quelques masques Pende et Yaka remarquables, collectés lors du voyage de 1948 [Fig. 7].

Après qu'Eisner eut terminé de cataloguer les collections, elle retourna en Afrique pour la dernière fois. En octobre 1957, elle écrivit à Shapiro : « J'ai fait un voyage très intéressant, bien que le bateau se soit arrêté trop peu de temps dans les ports. À mon grand étonnement, les commerçants haoussas d'Abidjan vendaient non seulement les objets habituels, mais aussi quelques vrais masques que j'ai, bien entendu, achetés[25]. » À ce moment-là, elle avait confiance en sa capacité à distinguer les « vrais » masques des faux, c'est-à-dire ceux qui sont fabriqués pour être utilisés et ceux qui sont fabriqués uniquement pour être vendus aux touristes. De retour au Camp Putnam, elle recommença à organiser un marché hebdomadaire où les gens apportaient des objets à vendre. Elle raconta à Shapiro qu'elle avait vu de nouveaux types d'instruments de musique, de vieux paniers et de « belles vieilles lances », et lui demanda si le musée serait intéressé.

Lorsque Eisner revint au Camp Putnam en 1957, et que Colin Turnbull s'y trouvait pour effectuer ses propres recherches, leur relation se détériora. Turnbull était engagé dans une correspondance intense avec Shapiro concernant les lacunes de la collection d'Anne et la possibilité pour lui d'occuper un poste au musée. Shapiro envoya à Turnbull une liste des objets qu'Anne avait collectés et lui demanda de les documenter et d'en obtenir d'autres. Turnbull renvoya les noms autochtones, les matériaux, les techniques de fabrication et les utilisations des artefacts, et proposa de collecter des objets qui « manquaient notablement à la collection – paniers de transport, écharpes pour bébés, jupes de deuil, écorce de *nkula*, pipes en tige de bananier, batteurs d'écorce en bois, » « et toutes sortes d'autres choses auxquelles je ne penserai que lorsque je commencerai à collecter[26]. » Lorsque Turnbull publia finalement sa thèse de license de lettres, il y incorpora des dessins provenant de sa collection et de celle d'Eisner, mais sans désigner de donateurs. L'ensemble de la collection pygmée était désormais totalement identifié à Colin Turnbull, même si c'était Anne Eisner qui en avait rassemblé une grande partie.

En 1957, alors qu'Eisner tentait de faire revivre le Camp Putnam, les relations tendues avec Turnbull se poursuivirent. Il résistait à ce qu'il considérait comme le désir de la jeune femme de remplacer Putnam, et elle n'appréciait pas le secret qu'il gardait sur ses recherches. Puis elle eut un accident de vélo, se cassa la hanche et quitta le Congo pour ne plus jamais y revenir. De retour à New York, alors que Turnbull réussissait à s'imposer comme porte-parole des Mbuti, Eisner se retira du monde du musée, de l'ethnographie et de l'Afrique. Elle laissa la représentation scientifique à Turnbull et intégra son expérience avec les Mbuti dans son propre art.

Colin Turnbull quitta le musée peu après l'ouverture de l'African Hall, notamment en raison de différends concernant la reconnaissance qu'il estimait due à son partenaire, Joseph Towles, pour son travail sur le Man in Africa Hall. Il étudia ensuite le peuple Ik en Ouganda et publia un livre dans lequel il les décrivait comme l'antithèse misérable des Mbuti. Bien que ses écrits sur les deux groupes aient été largement lus, son érudition fut sévèrement critiquée dans les cercles académiques ; pour beaucoup, il s'agissait plus d'une autobiographie que d'une ethnographie sérieuse. Néanmoins, Turnbull retourna faire plus de recherches en Ituri au début des années 1970. À cette époque, il écrivit avec amertume sur la destruction de la vie traditionnelle. En 1983, dans *The Mbuti Pygmies, Change and Adaptation*, il décrivit comment, selon lui, Patrick Putnam s'était intégré harmonieusement à la culture de la forêt de l'Ituri, devenant presque un chef de village africain, faisant office de médiateur entre les Belges et les Africains, à la fois Mbuti et villageois. Il décrivit comment, après la mort de Putnam, les villageois espéraient que lui, Turnbull, remplacerait Putnam, et « hériterait de ses femmes comme de mes "mères", et deviendrait le *kpara* (patron) de "ses" Mbuti » (1983, p. 74). Il décrivit la construction d'un grand hôtel près du Camp Putnam, qui entraîna un afflux de touristes et de colons, l'importation de travailleurs étrangers et la brutalité des administrateurs belges et de leurs employés africains. Cette situation, selon lui, conduisit à une vague de sentiments anticolonialistes, et finalement à la guerre, tant avant qu'après l'indépendance. Dans ce livre, Turnbull reconnaissait que lui-même et la situation au Congo, alors Zaïre, avaient radicalement changé. Ce qui n'avait pas changé, c'était l'exposition qu'il laissait à l'American Museum of Natural History de New York. Dans ce diorama, les mannequins Mbuti marchent de manière intemporelle dans une forêt vierge qui ne change jamais.

Qui sont les Pygmées ?

Depuis les premières références aux Pygmées dans les textes anciens jusqu'à aujourd'hui, le débat dominant dans les études sur les Pygmées porte sur leur relation avec les peuples environnants. Ces « outsiders », comme Turnbull les décrivait dans ses premiers travaux, comprenaient non seulement les peuples agricoles bantous et soudanais, mais aussi les nombreux Américains, Européens et Japonais qui visitèrent, étudièrent, représentèrent et collectèrent des informations et des exemples de leurs corps et de leurs objets. Comme le note Christie McDonald, Colin Turnbull se considérait comme un « insider » et voyait tous les autres comme des « outsiders » vis-à-vis des Mbuti. Il soutenait que les Mbuti pouvaient, s'ils le devaient, vivre comme de véritables chasseurs et cueilleurs, sauf à considérer leur dépendance à l'égard des outils métalliques fabriqués par les villageois. Cependant, la plupart des anthropologues, en commençant par Schebesta (1933, 1936) et en poursuivant avec Bahuchet (voir Thompson et Bahuchet, 1991), Grinker (1992, 1994), Ichikawa (1978), Frankland (2002), Sawada (1998), Tanno (1976), Terashima (1998), et bien d'autres, considèrent les Mbuti, Efe, Sua, Baka et autres peuples pygmées comme faisant partie de systèmes sociaux multiethniques plus vastes qui incluent à la fois les « insiders » et les « outsiders », liés par divers types de relations sociales, économiques et politiques. La question de savoir si les groupes constitutifs forment une société ou s'ils peuvent être considérés comme des entités sociales ou culturelles distinctes dépend des groupes spécifiques dont on parle, des questions posées et de la manière dont la recherche a été menée. Et, comme Turnbull l'a finalement reconnu dans son dernier livre, quelles que soient les réponses à ces questions, les « outsiders » qui influencent à la fois la tradition et le changement dans la société pygmée ne sont pas seulement les villageois parmi lesquels vivent les Pygmées, mais aussi les colons belges, les touristes, les cinéastes, les anthropologues, les historiens de l'art et les artistes qui ont été en contact avec eux depuis des décennies.

Anne Eisner était l'une des plus importantes de ces « outsiders » et, à bien des égards, elle servit d'intermédiaire entre les Mbuti et les autres Occidentaux. Il est donc raisonnable d'examiner de quelle manière sa présence dans l'Ituri, en tant que peintre, collectionneuse, employeur et gestionnaire du Camp Putnam, influença l'art qui y était pratiqué à partir de la fin des années 1940. Lorsque Eisner vivait à Epulu, elle se retirait dans les camps forestiers Mbuti, installait son chevalet et passait des journées entières à peindre, engageant souvent un dialogue verbal et visuel avec les Mbuti. Comme l'écrit Joan Mark : « Après l'avoir vue peindre et dessiner, les Pygmées apportèrent plus de soin aux peintures sur leurs tissus d'écorce battue, et les villageois commencèrent à sculpter des figures et à décorer leurs pipes. Tout cela était nouveau à Epulu. » (Mark, 1995, p. 159).

Tissu d'écorce battue

Comme de nombreux collectionneurs avant et après elle, Anne Eisner collectionna des tissus d'écorce battues peintes. Elle utilisa ces tissus d'écorce battue pour décorer le salon du Camp Putnam et, dans un cas, elle rassembla de petits morceaux de différents tissus d'écorce battue, peut-être des chutes, pour faire une composition en patchwork. Des échos en tissus d'écorce battue apparaissent plusieurs fois dans ses peintures, sur les motifs de vêtements féminins, par exemple dans sa peinture de femmes battant du bois, et dans d'autres qui prennent comme sujet une femme tressant les cheveux d'une autre. Dans *Musical Bow 1*, le musicien porte un tissu d'écorce battue. Les oranges, les bruns et les rouges du tissu d'écorce battue se retrouvent également dans plusieurs de ses peintures.

Plus intrigante encore est la question de savoir si le travail d'Anne Eisner en tant que peintre, avec son chevalet installé à l'extérieur de sa hutte dans un camp de la forêt Mbuti, a pu influencer les dessins que les Mbuti, et peut-être aussi les villageois Bira, inscrivaient sur leurs tissus d'écorce battue. Nous avons déjà vu comment l'activité de collectionneur d'Eisner et de Putnam influença l'art qui fut produit pour être vendu à la fois au Camp Putnam et au Nigeria. La question de savoir si, en tant qu'artiste, Eisner influença la conception des tissus d'écorce battues pygmées est encore plus intéressante et beaucoup plus compliquée. Compte tenu des débats actuels sur les origines et le langage esthétique de la peinture sur tissu d'écorce battue pygmée, elle mérite d'être explorée.

La question de l'origine de la peinture sur écorce battue fait l'objet d'un débat depuis un certain temps. Dans l'Ituri et ailleurs dans les forêts d'Afrique centrale, les Mbuti, les Efe et d'autres peuples, dont les Bira, les Lese et les Mangbetu, fabriquent des tissus d'écorce battue en ramollissant et en broyant l'écorce de diverses sortes d'arbres, parfois en la teignant dans la boue, puis en la peignant avec des pigments végétaux noirs ou rouges, à l'aide des doigts ou de roseaux (voir Thompson et Bahuchet, 1991, p. 128). Les hommes et les femmes portent des tissus d'écorce battue (beaucoup plus souvent dans le passé qu'aujourd'hui) et s'en servent pour porter les bébés et fabriquer des nattes. Les femmes Mangbetu transportent de petits morceaux de tissu d'écorce battue et les placent sur leurs tabourets en bois personnels. La question de savoir si ces tissus représentent une esthétique pygmée préoccupe les chercheurs depuis un certain temps. Alors que quelques-uns, comme Richard Grinker (1992), Curtis Keim (Schildkrout et Keim, 1990) et moi-même, ont souligné la difficulté de distinguer une esthétique pygmée de celle des peuples environnants, d'autres ont soutenu que la liberté graphique évidente dans ces peintures reflète une sensibilité particulière associée au mode de vie de chasse et de cueillette en forêt. Le regretté historien de l'art Robert Farris Thompson, qui passa une partie de l'été 1982 en Ituri à travailler avec Kenge, l'assistant de Turnbull qui fut élevé au Camp Putnam, soutient que la musique et la peinture pygmées reflètent une sensibilité esthétique particulière liée à la forêt, à la chasse et à la cueillette, qui fut ensuite diffusée aux villageois environnants (Thompson et Bahuchet, 1991).

Thompson reconnaît que des échanges de longue date eurent lieu entre les Mbuti, les Efe et d'autres Pygmées et les « outsiders » (selon la terminologie de Turnbull) avec lesquels ils interagissent, mais il suggère que des différences dans la composition des tissus d'écorce battue Mangbetu et Mbuti peuvent néanmoins être discernées. Les tissus Mangbetu, en particulier les grands tissus pour hommes, ont une composition plus complexe, la figuration entre plus souvent dans les dessins, et certains dessins ressemblent à de l'écriture (Thompson et Bahuchet, 1991, pp. 90-91). Si les tissus Mangbetu ressemblent à ceux de la communauté Mbuti, c'est peut-être, selon Thompson, parce que le rituel Mangbetu, en particulier le rituel d'initiation, implique également l'invocation des forces de la forêt, auxquelles les Pygmées sont fortement associés. D'autres, comme Richard Grinker, ont affirmé que l'interaction entre les villageois et les Efe (l'un des groupes pygmées) dure depuis des centaines d'années et que les peintures sur écorce battue doivent être considérées comme des produits du système social Efe-villageois. Compte tenu de cette interaction de longue date, Grinker écrit : « Il semble inutile d'essayer de déterminer si les peintures sur écorce battue représentent ou non une forme d'art pygmée primordiale » (Grinker 1992, p. 50). Les villageois et les Pygmées n'échangent pas seulement de la viande et des produits agricoles, des langues et des médicaments, mais aussi des façons de décorer les corps et les tissus d'écorce battue.

Depuis la fin du XIXe siècle, les Européens ont rejoint les rangs des « outsiders » avec lesquels les peuples de l'Ituri ont interagi. À partir de ce moment au moins, il est très difficile de déchiffrer non seulement la part de cette esthétique qui est exclusivement pygmée, Mangbetu ou Bira, mais aussi éventuellement une réponse au goût occidental et peut-être, dans le cas d'Anne Eisner, à la peinture occidentale. Bahuchet (Thompson et Bahuchet, 1991, p. 147) décrit des ateliers sous la supervision d'Européens, où tant les villageois que les Pygmées participent à la fabrication et à la vente de tissus d'écorce battue. Cela suggère que l'échange de motifs et de dessins, au moins depuis le début du XXe siècle, n'était pas seulement un échange à double sens entre les villageois et les Pygmées, mais plutôt une conversation à trois sens : entre les villageois, les Pygmées et les Occidentaux. Cela n'exclut toutefois pas que certains types d'expression graphique en soient venus à exprimer certaines identités ethniques, tant pour les artistes que pour les collectionneurs (voir Grinker, 1992 ; Schildkrout et Keim, 1990).

En décrivant le tissu d'écorce battue d'Ituri, Thompson a remarqué une résonance entre les techniques graphiques pygmées et l'art occidental de la fin du XXᵉ siècle. « Dans la forêt d'Ituri, il existe même un mode extrêmement sophistiqué de ratissage, d'éclaboussures et de points qui se compare, en termes de spontanéité, à certaines expériences zen de travail au pinceau pendant la période des Sung du Sud, et, en termes de turbulence linéaire et de liberté, à Jackson Pollock » (Thompson, 1983, p. 6). Anne Eisner, comme d'autres après elle, rassembla plusieurs tissus d'écorce battue qui correspondent à cette caractérisation. Si l'on admet que l'art Mbuti ne peut être considéré indépendamment de l'interaction avec les peuples environnants, y compris les Occidentaux, il est possible que la peinture d'Eisner, et son implication dans le monde de l'art à New York, aient également eu une certaine influence sur la peinture sur écorce battue. Comme nous l'avons déjà noté, elle écrivit à sa famille : « Même les Pygmées se sont donné beaucoup de mal pour décorer leur tissu d'écorce battue parce qu'ils savaient que ça me plairait. » Et si elle a bien eu une certaine influence, était-ce en direction de l'art occidental contemporain : les Mbuti et Anne Eisner se dirigeaient-ils ensemble vers le modernisme ?

S'il est probablement impossible de préciser l'influence exacte d'Eisner, ou celle de quiconque, sur des peintures d'écorce battue spécifiques, il est probable que l'admiration que des personnes comme Eisner, Thompson et bien d'autres manifestèrent pour ces œuvres encouragea certains types de dessins. Si ces étrangers avaient moins apprécié les peintures apparemment abstraites réalisées au pinceau, au trait et par éclaboussures, nous aurions peut-être vu des peintures Mbuti produites pour la vente avec des images de personnes, d'animaux et de maisons. Il est certain que la tendance à la représentation littérale est courante dans d'autres genres d'art africain, en particulier dans l'art vendu aux Occidentaux. Un demi-siècle plus tôt, lorsque Herbert Lang collectait des tissus d'écorce battue chez les Mangbetu, les Azande et les Pygmées qui vivaient parmi eux, il recherchait des pièces qui incorporaient des motifs figuratifs. En fait, bien qu'il ne fût pas un artiste lui-même, il passa du temps entre 1909 et 1915 à essayer d'enseigner aux gens comment dessiner des éléphants, des maisons, des êtres humains et des arbres. Il pensait qu'ils devaient apprendre la perspective, afin de pouvoir créer du « vrai art ». Mais la tutelle de Lang eut peu d'effet sur la peinture sur tissu d'écorce battue, en partie parce que pendant deux décennies, jusqu'à l'arrivée de Patrick Putnam, il y eut peu d'acheteurs occidentaux dans la région[27]. (Paul Schebesta semble avoir été le principal collectionneur durant cette période, voir Thompson et Bahuchet, 1991, pp. 154-55). Au moment où Putnam, Eisner, Turnbull et d'autres décrivirent et attirèrent l'attention sur la peinture et la musique Mbuti, les goûts artistiques en Occident avaient changé, passant du figuratif à l'abstrait, et coïncidaient désormais plus facilement avec l'art apparemment abstrait que les peuples de l'Ituri produisaient de toute façon.

Anne Eisner s'intéressait aux techniques de la peinture. Elle réfléchit beaucoup à la question de savoir si les dessins sur les tissus d'écorce battue étaient abstraits ou représentatifs. Comme Thompson, elle découvrit que lorsqu'elle demandait aux peintres ce que signifiaient les lignes et les gribouillis, ils avaient toujours des noms et des réponses qui faisaient référence à des objets réels (Thompson et Bahuchet, 1991, pp. 94-95, 97, 100-101, 104). Les peintures sur tissu d'écorce battue peuvent ressembler à des abstractions, mais comme l'art d'Anne Eisner, elles n'étaient pas entièrement séparées de la figuration. Jusqu'à sa toute dernière période, la plus abstraite, ses tableaux faisaient référence à la forêt; ce fut d'ailleurs le titre de sa dernière exposition personnelle en 1963[28].

Conclusion

Colin Turnbull et Anne Eisner abordèrent tous deux l'étude des Mbuti sous l'angle de l'esthétique et non de la science. L'accent mis par Eisner sur les arts visuels et celui mis par Turnbull sur la musique et la religion représentaient une rupture majeure avec le paradigme anthropologique dominant dans lequel les Pygmées avaient été étudiés. Tous deux considéraient les Mbuti non pas comme des objets à mesurer ou des curiosités sur l'échelle de l'évolution culturelle, mais plutôt comme des peintres, des danseurs, des musiciens et des philosophes. Bien qu'elle n'ait pas été entièrement formulée à l'époque où il était conservateur du Man in Africa Hall, la vision de Turnbull de l'anthropologie en tant que discipline humaniste permit de réorienter les collections et les recherches de l'AMNH loin de l'anthropologie physique et de l'importance accordée à la race. La popularité de *The Forest People*, son best-seller sur la vie des Mbuti, transforma l'opinion publique sur les Pygmées et, on pourrait dire, sur le sujet ethnographique au sens large. Cela suscita un intérêt pour l'art et la musique Mbuti chez des personnes qui ne s'intéressent pas aux corps des Pygmées en tant que spécimens d'histoire naturelle. Pour certains observateurs, collectionneurs et galeries d'art, les Pygmées prirent place aux côtés de Jackson Pollock et de Miles Davis, plutôt qu'à côté de squelettes de singes et de premiers humains.

Dans le contexte de l'American Museum of Natural History, cependant, où le diorama Mbuti de Colin Turnbull, ainsi que de nombreux objets collectés par Anne Eisner, sont toujours exposés, le changement de paradigme reste incomplet. Les Mbuti y apparaissent toujours étroitement contextualisés dans leur environnement forestier, et la relation entre cet environnement, leur mode de vie de chasse et de cueillette, et leur art, reste une question ouverte et sans réponse.

Un nouveau panneau d'introduction, mis en place en 2023, crédite Colin Turnbull comme concepteur originel de l'African Hall sans pour autant citer les collectionneurs et les curateurs à l'origine de la création d'une collection d'œuvres Mbuti. Mais après tout, il s'agit peut-être d'une manière appropriée pour ces outsiders, dont certains n'ont pas hésité à s'effacer les uns les autres, de s'intégrer à la représentation des Mbuti.

[1] Deux excellentes biographies, celle de Roy Richard Grinker sur Colin Turnbull (*In the Arms of Africa: The Life of Colin M. Turnbull*, 2000) et celle de Joan Mark sur Patrick Putnam (*The King of the World in the Land of the Pygmies*, 1995), ainsi que le livre coécrit par Anne Eisner et Allan Keller (*Madami: My Eight Years of Adventure with the Pygmies*, 1954) donnent une image plus complète de ces personnalités et de leurs relations.

[2] Le terme Pygmée est problématique, car divers groupes de personnes de petite taille sont connus sous différents noms locaux et parlent différentes langues. Il s'agit essentiellement d'un terme racial, et non d'un terme culturel, et il est trompeur pour cette raison. Cependant, il fait tellement partie du lexique occidental qu'il est difficile de l'ignorer. Lorsqu'il est question de groupes spécifiques, j'utilise les termes Mbuti, Efe, Aka, etc., de préférence à Pygmée. Eisner a utilisé des noms ethniques comme modificateurs du terme Pygmée, par exemple Pygmée Babira.

[3] Turnbull fut le premier conservateur du musée dont les responsabilités en matière de recherche et de conservation étaient spécifiquement axées sur l'Afrique. Je lui ai succédé en 1973 et suis devenue conservatrice émérite en 2005.

[4] En tant que successeur de Turnbull, j'ai tenté à plusieurs reprises, sans succès, de convaincre l'AMNH de se lancer dans une révision complète du Hall. Voir Schildkrout et Lacey, 2017.

[5] Lors de l'ouverture de l'African Hall, le critique d'art John Canaday fit l'éloge de cette salle pour avoir enrichi la compréhension de l'art africain, malgré son installation clairement ethnographique : « De grandes œuvres d'art sont exposées aux côtés d'objets qui, esthétiquement, ne sont rien de plus que des artefacts attrayants et d'autres qui ne sont que des objets fonctionnels sans grande distinction esthétique. Mais j'ai trouvé que cette identification des œuvres d'art avec les fonctions éducatives, rituelles, gouvernementales, scientifiques et économiques qui ont nécessité leur création, les enrichissait énormément. » *The New York Times*, 30 juin 1968.

[6] Turnbull avait, en fait, essayé de faire publier ce matériel dans la revue *Anthropos* sous le nom d'Eisner, mais l'éditeur estimait que le matériel était incomplet sans les textes dans la langue originale. Lettre de Colin Turnbull à Harry Shapiro, 19 janvier 1957, archives de la division d'anthropologie de l'AMNH.

[7] Colin Turnbull à Harry Shapiro, 5 février 1958, archives de la division d'anthropologie de l'AMNH.

[8] Francis Chapman, cinéaste et cousin de Colin Turnbull, accompagna Colin lors de son deuxième voyage au Congo en 1953. Dans une interview de 1991 avec Christie McDonald, il se souvient : « Kenge était son *boy* et Kenge était intéressant parce qu'il

était une sorte de… je crois qu'il était moitié pygmée moitié bantou. »

Anne Eisner Putnam Papers, Houghton Library, dorénavant AEP Papers.

9. L'utilisation de « nos » fait référence à la manière dont les Mbuti étaient attachés à certains villages et patrons dans des relations d'échange régulières. Putnam devint un *kpara* (patron) pour certains Mbuti dont le territoire de chasse se trouvait à proximité. Les Mbuti avaient des relations similaires avec les villageois de Bira, dont certains travaillaient au Camp Putnam.

10. Manuscrit Eisner-Gould, 1950-1951, AEP Papers.

11. Certains de ces masques étaient sculptés et peints. Eisner compare donc les compétences de cet artiste dans ces deux domaines. Lettre d'AEP à la famille, Kasongo Lunda, 4 décembre 1948, AEP Papers.

12. Eisner-Gould, *op. cit.*, p. 36, AEP Papers.

13. Eisner-Gould, *op. cit.*, p. 39, AEP Papers.

14. Eisner-Gould, *op. cit.*, p. 38, AEP Papers.

15. Elle fait référence à Benin City au Nigeria, et non au pays voisin du Bénin.

16. Communication personnelle, William Siegman.

17. Harry L. Shapiro à Patrick Putnam, 23 septembre 1947, division de l'anthropologie de l'AMNH, dossier d'accession 1951-70.

18. Colin Turnbull à Harry L. Shapiro, 11 août 1948, archives de la division d'anthropologie de l'AMNH.

19. Eisner à sa famille, 3 novembre 1948, AEP Papers.

20. Il s'agit probablement d'un article, peut-être non publié, intitulé « Les masques Bayaka et leurs sculpteurs », mentionné dans le catalogue de l'exposition de la Weyhe Gallery de 1940.

21. Eisner à sa famille, 3 novembre 1948, AEP Papers. Hans Himmelheber, anthropologue et médecin, effectua de nombreux voyages en Afrique pour étudier les peuples du Liberia et de la Côte d'Ivoire. Il travailla également au Congo belge et en Alaska. Eisner fait peut-être référence à un catalogue de 1940 d'une exposition de sa collection tenue à la Weyhe Gallery.

22. Eisner à sa famille, 3 novembre 1948, AEP Papers.

23. « J'ai environ deux cent cinquante pièces à New York et à peu près autant à Woodstock. Je n'ai encore rien fait à ce sujet, car j'attends que le reste de la collection arrive d'Afrique. » Eisner à M. Peter Pollack, 6 novembre 1955, AEP Papers.

24. L'AMNH conserve un registre manuscrit comme document permanent et original du catalogue, qui peut aujourd'hui être consulté sur Internet en association avec les objets de la collection. Consulter le site https://www.amnh.org/research/anthropology/collections.

25. Anne E. Putnam à Harry Shapiro, 15 octobre 1957, archives de la division d'anthropologie de l'AMNH.

26. Colin Turnbull à Harry Shapiro, 29 novembre 1957, archives de la division d'anthropologie de l'AMNH.

27. On pourrait cependant soutenir que la peinture de chevalet urbaine congolaise a bien suivi cette direction. Voir Jewsiewicki, Samba et Dagan, 1995 ; et Fabian, 1996.

28. Communication personnelle, Christie McDonald.

Cartographie de l'Ituri : les peintures sur écorce battue Mbuti et les toiles d'Anne Eisner

Suzanne Preston Blier

Peu après l'arrivée d'Anne Eisner dans le camp de la forêt d'Ituri, où Patrick Putnam et elle allaient passer les huit années suivantes, le couple se rendit en palanquin dans un village Mbuti (pygmée) voisin. Lovés dans des sangles en cuir soutenues par la tête de deux porteurs Biri, ils entendirent la communauté Mbuti bien avant de la voir. Un bourdonnement sourd et de plus en plus fort de batteurs annonçait la colonie à Eisner et Putnam, alors qu'ils s'approchaient. « Ce sont les Pygmées qui fabriquent des écorces battues », expliqua Putnam à Eisner (1954, p. 4) : « Quand c'est fait, ça sert de tissu. C'est probablement l'un des plus anciens procédés connus de l'homme. » Les tissus d'écorce de ce type [cf. essai Enid Schildkrout fig. 1], qui étaient battus à partir de vignes fibreuses, étaient également utilisés comme toiles pour des compositions peintes par les femmes Mbuti, et servaient de pagnes pour les adultes et de couvertures de réception pour les nouveau-nés. Putnam et Eisner collectèrent un certain nombre de ces tissus d'écorce peints et grossièrement rectilignes (connus sous le nom de *lengbe* ou *pongo* en kibira, et *murumba* en kingwana (Thompson 1991, p. 36), dont les dimensions varient de 46 × 43 cm à 144 × 128 cm, et dont vingt-deux ont été donnés par Eisner à l'American Museum of Natural History de New York (AMNH) en 1957 (voir Enid Schildkrout, ce volume).

Bien que distinctes dans leurs styles, leurs sources de financement et leurs fonctions, les peintures des femmes artistes de la forêt d'Ituri et d'Anne Eisner partagent des préoccupations essentielles concernant le lieu et l'identité, offrant une vision unique de la manière dont la culture et l'environnement furent cartographiés dans le monde complexe du Congo du milieu du XXe siècle par des artistes d'origines étonnamment différentes. En outre, les œuvres de ces différents artistes intègrent certains des mêmes motifs et présentent, à certains égards, des sujets, des formes de composition et des idiomes d'abstraction complémentaires. Outre le fait qu'elles

Fig. 1 *Pygmy Camp*, 1948
(Pl. 6, détail)

partagent leur identité de femmes, les artistes indigènes d'écorce battue et Anne Eisner, qui travaillèrent dans cette période importante des années 1940 à 1950, abordèrent également de diverses manières leurs cultures respectives et leurs éléments iconiques à travers leurs œuvres. Les comparaisons des contextes de production artistique africains et occidentaux sont rarement poursuivies en raison des défis de taille que de telles investigations posent nécessairement. Dans le cas présent, les complexités sont particulièrement notables puisqu'elles concernent, d'une part, une tradition picturale partagée par des artistes africaines encore largement inconnues (et des œuvres destinées à un usage quotidien), et d'autre part, les toiles d'une peintre de formation académique connue (et nommée) travaillant dans un contexte de patronage artistique occidental. La nature même de ces différences, je le suggère cependant, offre à bien des égards un terrain important à partir duquel examiner les contextes de complémentarité et de différence artistiques dans ces deux mondes.

Les peintures sur écorce battue des Mbuti et d'autres femmes de la région travaillant avec ce médium furent collectionnées en Occident depuis au moins 1890, lorsque l'anthropologue Oscar Baumann fit don de deux œuvres au Museum für Völkerkunde de Vienne. Dans les décennies qui suivirent, d'autres voyageurs en Afrique fournirent d'autres œuvres à un grand nombre de musées ethnographiques. Plus récemment, une série d'expositions d'art a signalé l'importance nouvelle des peintures Mbuti pour les collectionneurs d'art occidentaux. Bien que les écorces battues soient exposées à l'AMNH depuis la création du Pygmy Diorama dans les années 1960, la première exposition spécifiquement consacrée aux écorces battues, « Pygmy Drawings : A Collection of Rare Drawings on Bark Cloth by the Mbuti Pygmies of the Ituri Forest of Zaire », eut lieu à la Linda Einfeld Gallery de Chicago en 1980. Elle était accompagnée d'un court catalogue contenant dix-sept photographies en noir et blanc des peintures exposées (et vraisemblablement en vente) ainsi qu'un court essai d'Einfeld. La grande exposition suivante présentant ces peintures s'intitulait « Sura Dji : visages et racines du Zaïre » et fut organisée au musée des Arts décoratifs de Paris en 1982, accompagnée d'un essai de Joseph Cornet, spécialiste de l'art congolais, intitulé « Art pygmée ».

Un an plus tard, en 1983, la galerie Jahn de Munich organisa une exposition de peintures Mbuti, en vente avec un catalogue de l'historien de l'art Robert Farris Thompson, intitulé *Painting from a Single Heart, Preliminary Remarks on Bark-Cloth Designs of the Mbute Women of Haut-Zaïre*, qui fit suite à un court séjour de Thompson dans la forêt d'Ituri au cours de l'été 1982, où il effectua des recherches sur ces arts, probablement pour cette exposition. La quatrième (et la plus importante) des expositions connexes fut organisée au musée Dapper, à Paris, en 1991. Intitulé *Pygmées ? Peintures sur écorce battue des Mbuti (Haut-Zaïre)*, le catalogue comprenait plus de soixante-quinze photographies, pour la plupart en couleurs, et des essais de Thompson et de l'anthropologue Serge Bahuchet.

Thompson s'intéressait de près à la signification iconique des motifs des écorces battues Mbuti, et chercha à répertorier, dans ce texte de 1991, les motifs qui apparaissent le plus fréquemment, ainsi que les significations qui y étaient associées. Bien que sa présentation des motifs (1991, pp. 94-104) ne prétende pas être un catalogue complet de toutes les formes iconiques des écorces battues, elle constitue une base importante à partir de laquelle on peut aborder les questions de signification connexes. Les artistes Mbuti et les autres habitants étaient clairement conscients de l'importance iconique que peuvent revêtir les motifs. La tradition locale des cordons, qui sont tordus et noués en diverses formes pour faire référence à des éléments de la nature et de la culture, le montre clairement. Comme les peintures sur écorce battue Mbuti, elles présentent des angles, des lignes, des silhouettes et l'importance des espaces négatifs et positifs. Des figures de cordon similaires sont également indiquées dans certaines des peintures sur écorce battue Mbuti (Thompson 1991, p. 94, fig. 1), ce qui suggère dans certains cas une corrélation entre les deux.

Le principal assistant de recherche et source Mbuti que Thompson employa dans cette investigation était un homme nommé Kenge, une personne d'origine Mbuti mixte, qui avait grandi au Camp Putnam, travaillant dans sa jeunesse sous le patronage de Putnam et d'Eisner dans une variété de fonctions à l'hôtel et au zoo affiliés. Étant donné que la perspective de Kenge et de Thompson sur ces arts était largement centrée sur ce site, les significations que Thompson donna aux motifs grâce à l'aide de Kenge sont particulièrement importantes pour comprendre les œuvres Mbuti collectionnées par Eisner et Putnam.

Il existe dans *Madami* des indices qui pourraient aider à identifier l'une des femmes artistes qui créèrent des peintures sur écorce battue au Camp Putnam ou dans les environs. Une mention particulière est faite ici (1954, p. 207) d'une femme âgée nommée Akinadema, en relation avec la peinture des corps des enfants Mbuti pendant l'initiation. Il est possible qu'Akinadema soit la même personne dont la photographie légen-

Fig. 2 Sans titre, s.d.,
écorce battue,
95 × 86 cm, AMNH
(90.2/2399), New York,
collection Anne Eisner

dée « vieille femme » montre la peinture sur tissu d'écorce dans *Madami*
[Fig. 2][1]. De manière significative, les femmes peintres Mbuti semblent avoir
historiquement décoré des corps, ainsi que des écorces battues. Dans cette
optique, il est tentant de spéculer sur le fait que cette femme – Akinadema – créa au moins quelques-unes des peintures sur écorce battue qu'Eisner
donna ensuite à l'AMNH. En effet, l'une de ces compositions sur écorce
battue (cf. essai Enid Schildkrout fig. 5) présente de longues marques de
doigts d'un rouge brun profond sur un fond brun plus clair, ce qui est tout
à fait similaire au travail réalisé par la vieille femme Mbuti sur la photographie de *Madami*. En attendant de nouvelles recherches sur les questions
d'identité de l'artiste, il semble justifié de créditer Akinadema de cette composition et peut-être d'autres. (Sur les questions d'ethnicité de l'artiste, voir
Schildkrout, ce volume.)

Cartographie de l'Ituri

Selon Robert Farris Thompson (1991, p. 100), l'une des caractéristiques
les plus remarquables des peintures sur écorce battue Mbuti réside dans les

cordons linéaires sinueux de lianes ou de vignes qui serpentent à travers de nombreux tableaux, dirigeant le regard vers les divers détails auxiliaires qui ponctuent la composition. Dans l'une de ces écorces battues [Fig. 3], la composition est structurée autour de longues lignes parallèles (lianes ou arbres forestiers, selon le tableau de Thompson 1991 : 33, fig. 47), sectionnées en sous-éléments et interpénétrées de points (un léopard ?). L'ensemble de ces motifs suggère une vue de la forêt. Dans la vie des Mbuti, les lianes comme celles-ci assuraient l'accès aux hauteurs des arbres de la forêt (pour la récolte du miel, par exemple), et en tant que telles non seulement définissaient l'espace vertical, mais fournissaient également un moyen de voir les vues uniques de la forêt en dessous. Les implications connexes pour la perspective sont à noter : de nombreuses peintures sur toile d'écorce battue semblent avoir ce point de vue. Ces lianes étaient également utilisées par les Mbuti, entre autres, pour remonter la trace de racines spéciales de guérison, pour suspendre les ballots de nourriture et comme balançoires pour les enfants. Coupées et remodelées, les lianes étaient également utilisées pour fabriquer des ponts, des filets pour la chasse et la pêche, des meubles et des cordes pour

Fig. 3 Sans titre, s.d., écorce battue, 65 × 58.5 cm, AMNH (90.2/2387), New York, collection Anne Eisner

les jeux de tir à la corde[2]. Tout aussi important, ces lianes étaient façonnées en ceintures ou martelées en écorce battue. Compte tenu de l'importance de ces lianes, il n'est pas surprenant qu'elles figurent en bonne place dans les compositions peintes des Mbuti. D'une manière ou d'une autre, elles semblent faire référence à la primauté de l'environnement de la forêt d'Ituri et à son adaptation aux besoins humains.

Il est intéressant de noter que des formes végétales – en particulier des vignes et d'autres végétaux – sont également peintes sur le corps des enfants par les femmes artistes, à l'occasion de rites d'initiation ou autres. Les traits des enfants peints par les femmes artistes Mbuti sont couverts de motifs de feuilles et de tiges, et Thompson suggère que ces formes évoquent des idées d'harmonie avec la forêt (1991, p. 31), une vision qu'il partage avec Colin Turnbull. Il est clair que l'environnement – et les idées connexes de lieu et d'habitation – sont au cœur de l'art Mbuti. D'une certaine manière, ces compositions corporelles et ces peintures sur écorce battue ont des points communs avec les cartes.

Une grande toile d'écorce battue Mbuti particulièrement frappante de ce type occupait autrefois une place de choix sur le mur du salon de la maison d'Anne Eisner et de Patrick Putnam dans la forêt d'Ituri [Fig. 4]. Belle œuvre présentant des bandes alternées de motifs peints et une base solide plus sombre décorée de motifs iconiques cousus dans une fibre de couleur plus claire, cette composition était placée en évidence sur le mur de terre blanchi à la chaux, à la manière d'une peinture abstraite moderne [cf. essai Christie McDonald, fig. 4[3]]. Une figure reliquaire Kota était fixée en son centre. Des exemples de meubles et de masques africains locaux, eux aussi empreints d'une esthétique résolument moderne, étaient soigneusement disposés sur le sol à proximité. Nous ne connaissons pas avec certitude l'identité de l'artiste de cette peinture en écorce battue, mais cette œuvre pourrait également avoir été réalisée par Akinadema, la vieille femme Mbuti dont il est question dans *Madami*.

Le long du côté gauche de cette peinture sur écorce battue du salon de Camp Putnam, après plusieurs bandes unies et sombres d'écorce battue, se trouve une longue rangée d'ovoïdes et de triangles linéaires aux lignes parallèles, éléments qui, par leur forme et leur disposition, suggèrent qu'ils font référence aux formes traditionnelles des abris Mbuti (*endu*), selon le tableau iconique fourni par Thompson (1991[4]). Disposés le long de ce qui semble être un sentier, ces éléments évoquent le regroupement d'abris que constitue un camp Mbuti. Les silhouettes des bâtiments, les

cadres et les supports intérieurs sont tous représentés – des références architecturales qui semblent transmettre simultanément des vues intérieures
et extérieures, des espaces positifs et négatifs, et des détails des structures
individuelles et du camp dans son ensemble. À certains égards, l'accent
mis sur la structure dans ces représentations d'habitations en écorce battue
complète la description fournie par Colin Turnbull de la création d'abris
forestiers.

Les trois bandes suivantes, à mesure que l'on se déplace vers la droite
du tableau de la toile d'écorce du salon de Camp Putnam, sont unies, à
l'exception d'éléments linéaires brodés, mais le panneau clair au milieu de la
toile est rempli d'une série de lignes parallèles, encadrées par d'autres séries
de lignes parallèles évoquant peut-être le pelage d'un *soori*, une antilope
semblable à l'*okapi*, ou des jeunes arbres comme ceux utilisés plus tard pour
faire des maisons ou des lits (Thompson 1991, p. 95, fig. 15, fig. 37, 40).
Après une autre bande noire, le panneau suivant, de couleur claire, comprend
des motifs en forme d'échelle suggérant des toiles d'araignée, des triangles
avec des points évoquant des iguanes et – au centre – des grappes de points

indiquant des léopards (Thompson 1991, p. 95, fig. 14, 21 ; p. 97, fig. 15). Ensemble, ces éléments semblent montrer les habitants de la forêt. Le fait que les éléments de cette section centrale soient à la fois plus denses, plus complexes et plus difficiles à lire que ceux du panneau périphérique semble également renforcer l'idée que l'œuvre représente un paysage forestier. Si le léopard au centre de ce dernier panneau peut évoquer un adversaire félin générique de la forêt, sa présence ici peut également rappeler une mutilation spécifique de léopard sur une communauté Mbuti, comme celle qu'Eisner évoque au début de son livre sur la vie au Camp Putnam.

En continuant vers la droite, après une autre bande sombre unie, on trouve une bande plus claire qui laisse apparaître une longue série de triangles pleins, représentant peut-être des tissus (Thompson 1991, p. 97, fig. 36). Ce motif apparaît également fréquemment aux intersections des peintures sur écorces battues Mbuti (Thompson 1991, p. 104, fig. 75). Individuellement et ensemble, ces panneaux évoquent le lieu et le temps, le soi et le monde – des zones environnementales et d'habitation correspondant à une carte.

Trois autres peintures sur toile d'écorce battue données à l'AMNH par Anne Eisner constituent des compléments intéressants à ce tableau. Elles semblent également représenter des villages Mbuti, avec des références iconiques aux maisons en forme de dôme recouvertes de feuilles (*endu*) qui distinguent ces camps. L'une de ces peintures (cf. essai Enid Schildkrout, fig. 5) est divisée en champs intégrant des lignes parallèles courbes qui peuvent faire référence à des vignes ou des cordes (Thompson 1991, p. 100). Intercalés dans la composition, on trouve une série de losanges avec des cercles pleins ou ouverts, ainsi que divers triangles avec des bandes angulaires – ces derniers ressemblant aux motifs qui suggèrent les abris enduits des Mbuti. Pris ensemble, ces motifs semblent montrer, comme la composition sur toile d'écorce battue du salon du Camp Putnam, un village dans son environnement forestier. Une autre peinture intéressante de ce point de vue [Fig. 3] est une composition rouge sur feu richement colorée. Ici aussi, on trouve un groupement de losanges en pointillé et de triangles adjacents marqués par des lignes diagonales parallèles, ces derniers identifiant probablement des abris. Entre ces référents possibles, on trouve un éparpillement de points évoquant des léopards. Malgré la diversité des éléments de composition des peintures sur écorce battue ci-dessus, ces peintures, prises dans leur ensemble, suggèrent un degré d'intérêt frappant, non seulement pour l'environnement et l'habitat humain, mais aussi pour la manière dont les deux sont représentés par rapport aux idées locales du paysage.

Bien que ces œuvres semblent faire partie d'une tradition Mbuti plus large, qui comporte au moins des aspects métaphoriques de la cartographie, il est possible que les traditions occidentales de la cartographie aient également eu un impact sur certains de ces tableaux Mbuti – en particulier celui qui est exposé sur le mur du salon du Camp Putnam. En abordant cette possibilité, il est important de noter que les cartes figurent en bonne place dans les arte-facts existants des voyages d'Anne Eisner et de Patrick Putnam en Afrique centrale à la Houghton Library de l'université de Harvard. Certaines de ces cartes offrent une vue d'ensemble du continent africain, d'autres détaillent les régions en précisant la topographie, les réseaux routiers, les voies navi-gables et la position des villes. D'autres encore mettent en évidence des lieux uniques, comme le camp d'Epulu, où les vies de Putnam et d'Eisner furent façonnées pendant plusieurs années. Les styles et les formats de leurs cartes sont très variés. Les cartes du Congo de leur collection portent souvent l'em-preinte de nombreuses corrections et d'ajouts marqués à la main concernant les noms, les lieux, les itinéraires, les dates et les événements – par exemple un point indiquant « six hommes perdus ». L'une de ces cartes – créée à l'origine comme un plan – a été retravaillée à l'aquarelle et au crayon, ce qui suggère le lien essentiel entre cartographie et représentation artistique. Nombre de leurs cartes offrent également des indices sur les dimensions sérielles et indicielles de leurs voyages [cf. essai Christie McDonald, fig. 2 et 3[5].] L'une de ces cartes, dessinée sur du papier à en-tête de l'hôtel Ruwenzori, indique la route du Kenya vers Epulu, tandis qu'une autre, sur du papier à en-tête de « Imperial Airways », documente l'itinéraire depuis l'Algérie jusqu'au Cap en passant par cette même région d'Epulu. L'importance du lieu est également visible dans plusieurs cartes sur papier calque. La grande taille de cette œuvre de salon, l'intégration de plusieurs bandes de tissu et la place prépondérante de son exposition laissent penser qu'il s'agit peut-être d'une pièce commandée spécialement. Il est concevable qu'elle ait été commandée spécifiquement comme carte par Putnam et/ou Eisner.

Il est peu probable que nous sachions un jour avec certitude si l'intérêt de Putnam et d'Eisner pour les cartes (ou ces cartes elles-mêmes) a influencé la peinture Mbuti près du Camp Putnam ; à bien des égards, cet intérêt semble avoir complété les liens de longue date entre la peinture sur écorce battue et les idées de lieu et d'identité. Indépendamment du contexte de leur création et/ou de la source des images correspondantes, il serait important de savoir si les peintures sur écorce battue Mbuti représentent des lieux réels (comme le suggère peut-être la référence au léopard), ou si elles doivent être considérées comme des représentations tirées de l'imaginaire. Qu'en est-il également des paysages suggérés dans ces compositions ? Comment, le cas échéant, évoquent-ils les vues Mbuti de la forêt ? Est-il significatif, par exemple, que le panneau central dense et moins lisible de la toile d'écorce battue exposée sur le mur du salon de Camp Putnam semble représenter le monde de la forêt, tandis que les panneaux extérieurs qui présentent des formes culturelles sont non seulement plus faciles à lire, mais sont également positionnés de manière à encadrer et apparemment domestiquer ce domaine ? Des questions similaires peuvent être soulevées en ce qui concerne les maisons représentées dans ces peintures. Ces structures sont-elles censées être perçues comme provenant d'un camp Mbuti spécifique (celui de l'artiste par exemple), et identifiées à un groupe particulier d'individus, ou véhiculent-elles plutôt la notion de maison et de famille comme types idéaux ? Il est intéressant de noter que, selon Thompson (1991, p. 74), les écorces battues les plus appréciées par les Mbuti lors de sa visite dans la région de l'Ituri étaient celles qui étaient non seulement bien conçues (dessinées et peintes), mais qui rappelaient également quelque chose de spécifique – en bref, elles étaient tirées d'une expérience vécue. Certaines des peintures sur écorce battue représentent des lieux, des formes et des événements spécifiques (cf. essai Enid Schildkrout, pour une discussion historique de la représentation sur écorce battue).

En quoi les représentations qu'Eisner fait de ces espaces domestiques et de ces forêts diffèrent-elles de celles des artistes femmes Mbuti ? Anne Eisner réalisa non seulement un certain nombre de peintures et d'esquisses de la vie locale au Camp Putnam, mais elle entreprit également des recherches ethnographiques sur une série de traditions locales qui figureront dans les écrits ultérieurs de Colin Turnbull (cf. essais McDonald, Geary). Les archives de l'université de Harvard révèlent également qu'elle s'intéressait de près aux questions de construction. Elle créa notamment un certain nombre de dessins d'architecture, parmi lesquels les plans d'un bureau (pour Patrick et elle), d'une maison d'hôtes, d'une salle de stockage, d'un enclos pour okapis (antilopes), ainsi que des dessins de fenêtres, de portes, de meubles et de toilettes. Ces dessins comprennent diverses perspectives – plans de sol, vues de façades et intérieurs – dont beaucoup sont accompagnées de mesures et/ou d'indications d'échelle. Bien que la plupart de ces dessins soient des préparations de structures pour le Camp Putnam, Eisner réalisa également le plan détaillé d'une « rondavelle » (qu'elle appelle « la hutte de terre de Ma »). Comme les femmes peintres Mbuti, Eisner s'intéressait manifestement aux formes architecturales et à leur environnement.

Deux des œuvres d'Eisner réalisées dès son arrivée au Camp Put-nam – *Camp Putnam*, de 1949 [Pl. 5, *Camp Putnam*], et *Pygmy Camp*, de 1948 [Pl. 6] – suggèrent l'importance que revêtaient pour elle l'environne-ment, les formes bâties et les aspects de la cartographie. Il est intéressant de noter que ces deux toiles d'Eisner sont encadrées par une perspective à vol d'oiseau, similaire à une composition antérieure représentant Washington Square Park à New York [Pl. 2]. Comme nous l'avons noté plus haut, la pers-pective est également similaire à celle employée par les peintres sur écorce battue Mbuti. Dans ces deux toiles d'Eisner, la scène d'intérêt artistique principal se trouve à distance, l'artiste voulant que nous voyions le décor comme des observateurs éloignés. Comme les peintres sur écorce battue Mbuti, elle capture les éléments clés du lieu et du temps par la couleur et les coups de pinceau. Bien que centrée sur un village, la forêt reste une présence sombre et inquiétante. Eisner décrit ce décor forestier en des termes qui mettent l'accent sur la lumière et la couleur (1954, p. 33):

> « En regardant par-dessus l'Epulu… je pouvais voir que la forêt… n'était pas une jungle impénétrable comme je l'avais supposé. Au contraire, elle était plus ouverte, avec des arbres géants qui en-voyaient leurs branches si haut qu'il y avait une vaste canopée verte au-dessus de la terre. Des lianes pendaient à profusion, mais j'avais vu des sous-bois plus denses dans les montagnes de Caroline du Nord et les collines du Vermont. Dans les quelques endroits où la voûte de verdure était suffisamment brisée pour que le soleil puisse y pénétrer, l'effet était semblable à l'intérieur d'une cathédrale du vieux monde, majestueux, riche en couleurs et impressionnant. Au-dessus de la forêt, lorsqu'il ne pleuvait pas, le ciel était d'un bleu à couper le souffle. »

Pygmy Camp d'Eisner, datant de 1948, dépeint un cadre plus ou moins tradi-tionnel de la communauté forestière Mbuti, réalisé dans ce que l'on pourrait appeler un « style ethnographique », avec son accent sur les détails de la vie des Mbuti. Dans des tons sombres de bruns, d'ocres et de verts sombres, rehaussés de touches d'orange et de bleu, se distingue un grand abri ovale avec devant une femme, la constructrice et propriétaire de l'abri, qui tient en l'air un pilon de cuisine, sujet récurrent dans l'œuvre d'Eisner. Le décor est rempli d'une douzaine d'individus qui s'adonnent à diverses activités (entre autres, cuisiner, fixer des filets, s'asseoir et dormir). Sans visage, les résidents

Mbuti de ce camp sont presque des caricatures à la Breughel. L'identité individuelle, ici comme dans d'autres œuvres, semble avoir été beaucoup moins importante pour Eisner que les idiomes du lieu. En cela, elle partage également une approche similaire à celle des femmes artistes Mbuti.

Composition et création artistique

En 1950, Eisner retourne à New York pour trois mois, avec une série de ses peintures achevées pour ses sponsors. À la suite de ce court séjour, ses peintures du Congo ont changé de manière significative. On ne sait pas bien si ces changements reflètent l'apport de ses mécènes – la scène artistique new-yorkaise de l'après-guerre était elle-même dominée par les nouvelles formes d'*action painting* des artistes de la New York School, tels que Jackson Pollock et Barnett Newman, à partir de la fin des années 1940 – ou s'ils sont le résultat de la mort de Patrick Putnam en 1953, ou encore de l'influence des peintures sur écorce battue Mbuti. Quoi qu'il en soit, les changements amorcés à cette époque continueront à façonner son corpus Ituri de manière frappante. Un effet de primitivisation est évident dans nombre de ses œuvres ultérieures, en particulier celles qui représentent les Mbuti dans diverses activités. Une des gouaches d'Eisner (de 45,7 × 61 cm) représente un musicien Mbuti jouant de l'arc (intitulée *Musical Bow I*, et datée d'environ 1956; Pl. 14). Le corps du musicien, qui ressemble à un insecte, est comparable à l'arc Mbuti lui-même et semble en prendre la forme. Peinte d'un noir épais, en grande partie non modulé, la personnification abstraite du musicien, semblable à un arc, est ancrée par l'unique et énorme pied caricatural sur lequel repose l'arc musical, suggérant une sorte de harpe anthropomorphique. Tout en s'inscrivant clairement dans le cadre de l'intérêt de longue date des modernistes pour les notions de « primitif », il semble probable que la primitivisation d'Eisner (cf. essai Christie McDonald, p. 15) soit également due aux peintures sur écorce battue de sa collection et à des artefacts tels que la harpe-arc ou le « bâton magique » [arc musical] fabriqués par ce groupe. Il est également intéressant de noter que le corpus plus large des peintures sur écorce battue Mbuti semble évoquer un abandon intentionnel similaire du « descriptif » pour le « signifiant ».

Une autre peinture de 1956, cette fois une aquarelle intitulée *Pygmies in Forest I* [Pl. 9], représente un groupe de quatre Mbuti marchant en ligne dans la forêt, lances et filets à la main. Nous sommes censés voir cette rangée de chasseurs depuis un point de vue élevé et distant, des branches épaisses d'immenses arbres noirs couvrant leur chemin. Les quatre chasseurs semblent fixer le sol, s'efforçant d'éviter les dangers qui pourraient se dresser sur leur chemin. Représentés de trois quarts et de profil, ils semblent à la fois étrangers et éloignés. La palette de couleurs vert-gris-jaune semble ajouter au sentiment de danger. À bien des égards, cette œuvre, qui met l'accent sur les lignes d'arbres, les lianes et les habitants potentiellement dangereux de la forêt, présente une complémentarité frappante avec les peintures sur écorce battue Mbuti. Le sujet n'est pas la seule chose qu'elles partagent, il y a aussi des éléments formels importants entre ces œuvres.

Les peintures sur toile d'écorce de la forêt d'Ituri, pour la plupart des tableaux bichromatiques, présentent généralement des éléments uniques ou des groupes de motifs, inscrits en grande partie dans des pigments sombres de fruits de gardénia sur un fond naturel de toile d'écorce brun ou rougeâtre. De nombreuses peintures Mbuti présentent un rythme de composition saisissant – un balayage de lignes courbes ou parallèles contrebalançant des groupes de lignes isolées, des spirales, des grilles, des points, des étoiles, des losanges et diverses combinaisons de ceux-ci. Des zones d'espace vide entourent souvent les éléments peints, les encadrant et les mettant en valeur. Les peintures sur écorce battue se distinguent aussi fréquemment par une approche sectionnelle de la conception, avec des motifs linéaires divisant la composition en plusieurs parties distinctes. L'une des peintures sur écorce battue collectées par Putnam et Eisner, et actuellement conservée à l'AMNH, présente une série de marques blanches sur un fond brun foncé. Les figures de cordons qui semblent être évoquées dans cette œuvre [comme les éléments *endu*, fig. 3 et 4], comprennent à la fois des figures complètes et des formes brisées ou incomplètes, suggérant ici aussi un sens de la partie et du tout. Certaines de ces marques sont élaborées autour de déchirures dans le tissu d'écorce lui-même, d'une manière qui révèle la façon dont le fond textile lui-même a pu favoriser certains types de compositions.

Dans une autre peinture sur écorce battue recueillie par Eisner et/ou Putnam (Fig. 5), on nous présente une composition rouge vif sur beige de losanges ovoïdes à l'intérieur de losanges ovoïdes se déplaçant dans des courants horizontaux, suggérant des transitions spatiales, passant d'éléments ronds à des formes rectilignes et solides, puis à des motifs linéaires. Ces motifs sont façonnés par des espaces à la fois positifs et négatifs, les ovoïdes à points pleins pouvant représenter des champignons vénéneux, lorsqu'ils sont séparés par des rayures évoquant la peau de l'antilope okapi ou de l'antilope taupe (Thompson 1991, pp. 95, 97, 100). Dans cette œuvre, et dans

Fig. 5 Sans titre, s.d.,
écorce battue,
94 × 78.5 cm, AMNH
(90.2/2388), New York,
collection Anne Eisner

d'autres, des aspects du mouvement spatial – liés à la cartographie – semblent également être mis en évidence. La disposition des marques sur le fond textile de cette peinture crée une composition complexe, dans ce cas, plus épaisse au centre que sur les côtés, avec des lignes de marques s'inclinant légèrement en diagonales, ces éléments donnant également à l'ensemble une impression dynamique d'oscillation et de mouvement. À certains égards, ce tableau suggère les motifs d'une peau d'animal, peut-être les taches oblongues de la genette. Le fait que les hommes âgés Mbuti portent souvent des bonnets en peau de genette ou des pagnes (Turnbull, 1961, p. 74) est intéressant pour ce tissu, car il suggère que la signification des motifs peut être liée au genre et à l'utilisation. Il serait important de savoir si les écorces battues conçues avec des motifs de léopard, de civette, d'okapi ou d'autres animaux grands ou puissants étaient généralement portées par des hommes. Bien qu'une fois de plus nous devions attendre des recherches plus approfondies, il est tentant de spéculer sur le fait que des différences essentielles dans les motifs peints, les contextes d'utilisation et les vêtements masculins et féminins ont pu exister.

Comme dans un certain nombre de peintures d'Eisner, la structure compositionnelle des peintures des femmes Mbuti est encadrée simultanément par la ligne et la forme solide ou la masse. Le point de vue et le positionnement semblent également être des préoccupations centrales. Dans les compositions sur écorce battue, plutôt que d'afficher un seul point ou une seule ligne de perspective, comme c'est le cas dans une grande partie de l'art occidental de la post-Renaissance, les motifs sont souvent représentés de différents points de vue – de dessus, de face ou de profil. Les différences d'échelle semblent également être largement négligées, les besoins généraux de la composition ou l'importance d'une forme prenant le pas sur la précision. En outre, dans nombre de ces œuvres, il semble y avoir un sentiment de parité globale, un attribut qui rend parfois difficile l'identification des icônes dans une relation directe avec leurs formes naturelles.

L'une des plus importantes stratégies d'abstraction employées par les peintres Mbuti est la technique du *pars pro toto*, dans laquelle des parties clés (par exemple les taches d'un léopard, la plume d'un oiseau sauvage, le pied d'un poulet ou le dos d'un crocodile) servent à représenter l'animal lui-même. Ce qui est également frappant dans ces œuvres, c'est le degré de variation dans la représentation de formes facilement reconnaissables – les serpents par exemple. Les interchangeabilités stylistiques sont également importantes. Certaines formes communes par exemple, parmi ces zigzags, sont employées pour représenter des formes aussi variées que des serpents, des cordes et des filets. On pourrait dire que les qualités mêmes d'abstraction et de créativité qui intéressèrent les collectionneurs occidentaux étaient également importantes pour les femmes peintres Mbuti (cf. essai Enid Schildkrout, p. 75). Thompson évoque ces variations comme des exemples de complexité iconographique (1991, p. 37) et comme une approche délibérément errante et capricieuse de la forme, soulevant cette question en termes de processus artistique (Thompson 1991, p. 31). Pour moi cependant, l'attention particulière portée à la composition et aux motifs des peintures Mbuti – groupes d'abris, de vignes, de papillons, d'antilopes et de léopards, pour n'en citer que quelques-uns – suggère qu'à bien des égards, les Mbuti, plutôt que d'être capricieux ou délibérément errants dans leur approche de la peinture, cherchaient à équilibrer soigneusement toute une série de préoccupations. L'importance religieuse de leurs formes complémentaires de peinture corporelle suggère que ces œuvres étaient loin d'être des expressions arbitraires (capricieuses) de l'imaginaire.

Dans *Madami*, Eisner décrit elle-même Akinadema alors que celle-ci peint le corps d'une jeune initiée avec des motifs semblables à ceux qui décorent les écorces battues locaux, ce qui donne une idée convaincante de la dimension performative de la création artistique locale. Il est intéressant de noter que la technique d'Akinadema était déjà en vogue chez l'un des compatriotes d'Eisner à New York : Jackson Pollock, dans ses œuvres des années 1950, et certainement Eisner, connaissaient les nouvelles formes d'*action painting* et de « gesturalisme » de ce qui allait être connu sous le nom d'« expressionnisme abstrait ». Pollock et d'autres se seraient également réjouis de l'étiquette de « sorciers et de juju-men » appliquée à Akinadema dans *Madami* (p. 215), une tradition conforme aux croyances largement répandues concernant l'éthique de l'art moderne en général.

Eisner lie cette dimension d'art performatif Mbuti à des contextes de rituel, de temps et de changement. Comme elle l'explique dans *Madami* (1954, p. 217) :

> « Le jour suivant, et celui d'après étaient des répliques du premier…
> [L]es filles Alima assistaient à leurs leçons de chant et se faisaient
> peindre sur elles de nouveaux motifs par Akinadema. Il m'a semblé
> que ces peintures étaient changées une fois le matin, une fois au
> milieu de l'après-midi et une autre fois juste avant le repas du soir. »

La description que fait Eisner d'Akinadema pendant qu'elle peint suggère que celle-ci était consciente de l'importance de la performance et de la création de l'art Mbuti.

Les mondes des femmes

Malgré leurs différences frappantes, les peintres Mbuti et Anne Eisner étaient toutes des femmes travaillant dans des mondes largement dominés par les hommes, avec des questions assez complémentaires liées à la domesticité et aux attentes en matière de maternité. Colin Turnbull donne un aperçu des conceptions Mbuti de la création artistique à propos d'autres artistes Mbuti de la région du Camp Putnam, parmi lesquels une personne qu'il identifie comme Kondabate, l'épouse du chasseur Ausu. Turnbull discute de son travail en termes d'identité sexuelle et de créativité. Kondabate, explique-t-il, « était une belle Pygmée, s'il n'y en a jamais eu une, et elle le savait. Le couple était marié depuis près de trois ans mais n'avait pas d'enfants. ... Kondabate se décorait plus que toute autre fille pygmée que j'ai connue, [teignant] ... son corps avec des motifs de vignes et de fruits » (1962, pp. 69-70). Il est clair que la beauté était un facteur déterminant dans les compositions de Kondabate, tout comme la question de la procréation, entre autres sa position de femme sans enfants qui lui donnait le temps et la stimulation pour peindre. Thompson (1991, p. 51) offre un aperçu supplémentaire des peintures Mbuti qui sont destinées à « donner du plaisir aux esprits de la forêt, et ainsi ils nous donneront du gibier ». En même temps, il semble clair que pour les peintres sur écorce battue et de corps Mbuti, comme pour les artistes occidentaux (dont Anne Eisner), l'art procurait un plaisir qui, en fin de compte, pouvait aussi être compensé par des cadeaux ou d'autres avantages. À certains égards, la carrière d'Anne Eisner fut façonnée par d'autres problèmes qu'elle partageait également avec Kondabate. N'ayant pas d'enfants (à l'exception de ceux qu'elle adopta pendant une période au Camp Putnam), elle disposait également de l'indépendance et du temps nécessaires pour se consacrer à ce travail.

L'un des nombreux thèmes récurrents dans les premières et dernières compositions d'Eisner est celui des femmes en train de cuisiner. *Two African Figures II* de 1956 (Pl. 24) en est un exemple caractéristique, situé cette fois dans un village plutôt que dans une forêt. La composition est définie par de grands blocs de rouge/marron, bleu/noir et jaune (des couleurs primaires très proches du rouge, du noir et du blanc, qui caractérisaient non seulement la communauté Mbuti, mais aussi une grande partie de la peinture africaine indigène). Le mortier, symbole de la domesticité des femmes africaines, y figure en bonne place. Il est intéressant de comparer cette œuvre avec une peinture sur écorce battue collectée par Eisner et Putnam à l'AMNH (Fig. 6), qui semble montrer de la même manière l'importance de la cuisine, représentée dans ce cas également par des mortiers (formes en forme de losange ; Hénault, in Thompson 1991, p. 97). La composition est dominée par une série de motifs en losange rouge (les mortiers), séparés par des triangles, et des lignes parallèles noires, le tout élaboré sur un fond de couleur claire. Comme dans *Two Figures* d'Eisner, les couleurs primaires – ici le rouge, le noir et la lumière (blanc) – façonnent la composition. Un ensemble d'éléments solides et de formes linéaires crée les espaces positifs et négatifs frappants de la composition. Il y a également un sens vibrant du mouvement interne et de la juxtaposition, les éléments primaires en forme de losange se transformant finalement en zigzags, chacun d'entre eux étant différent du précédent. À certains égards, *Two Figures* présente des formes composées de manières similaires.

Woman Cooking II [Pl. 8], l'une des nombreuses aquarelles préparatoires d'Eisner (45,7 × 61 cm) représentant la communauté Mbuti – datée d'environ 1956 et qui fut également réalisée après son retour à New York – montre une femme accroupie à côté d'un pot, devant un petit abri de feuilles. La forme de la tête, qui ressemble à celle d'un insecte ou d'un félin, ainsi que la posture accroupie du personnage et son absence de vêtements suggèrent un personnage plutôt inquiétant. Ici, des géométries simples et une perspective aplatie – semblable à celle utilisée par Akinadema et d'autres artistes Mbuti – ajoutent à la puissance visuelle et au sentiment d'inquiétude. Bien qu'il soit peu probable qu'Eisner ait utilisé son doigt pour barbouiller le pigment comme le faisaient habituellement les femmes Mbuti, l'effet est assez similaire. Devant la figure principale, trois personnages se déplacent vers le plan inférieur du tableau, une forêt sombre se refermant autour de la scène. À part les petits pots ronds portés par ces personnes – preuve d'un long contact entre les communautés Mbuti et Bira – la nature semble dominer. Si l'on juxtapose cette aquarelle et une écorce battue telle que la figure 6, il est tentant de spéculer que la peinture africaine telle que celle-ci, qui fut l'un des souvenirs les plus tangibles de son séjour au Congo, influença le travail d'Eisner pendant cette période. Cette peinture d'écorce battue particulière, une composition à prédominance rouge, avec des lignes noires sur un fond plus clair, incorpore une grille de lignes parallèles, brisée près des bords par des diagonales. Elle présente un intérêt visuel similaire à celui de *Woman Cooking II* [Pl. 8] pour les couleurs primaires vives, les éléments géométriques simples et les lignes. Bien que l'œuvre d'Eisner soit beaucoup plus représentative, l'accent mis dans la composition de la toile d'écorce sur les lignes parallèles séparant les losanges pleins, évoquant ici apparemment les mortiers qui occupent une place si importante dans les campements et les activités économiques des Mbuti, suggère que les artistes de ces deux œuvres s'intéressaient aux questions de domesticité.

Deux des peintures d'Eisner, toutes deux des huiles sur toile, intitulées *Mother and Child I*, de 1956 [Pl. 16] et *Mother and Child II*, de 1957

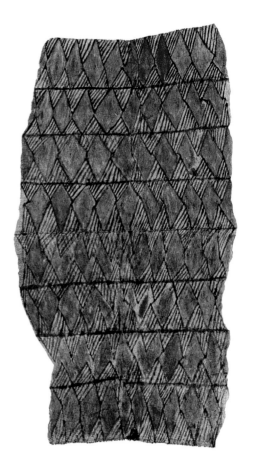

Fig. 6 Sans titre, s.d., écorce battue, 68 × 37,5 cm, AMNH (90.2/2393), New York, collection Anne Eisner

[Pl. 17], sont importantes du point de vue du genre et de l'engagement interculturel. Toutes deux sont de rares scènes d'intérieur, l'une étant le miroir de l'autre. Bien qu'elles représentent toutes deux des mères et des enfants, il ne semble pas y avoir de lien réel entre la figure féminine et son bébé. Bien que les mères africaines et leurs enfants aient tendance à être proches, ici, les têtes des femmes reposent lourdement sur leurs mains, suggérant l'ennui ou l'épuisement. Le sentiment de solitude et de silence est palpable. Les teintes de peau noires sans artifice, toutes deux contrebalancées par du rouge, renforcent ce sentiment d'inquiétude. Il est intéressant de noter que dans ces peintures de la mère et de l'enfant, Eisner semble également s'attaquer à des idiomes esthétiques que l'on retrouve depuis longtemps dans les œuvres sur écorce battue. Non seulement les couleurs primaires sont mises en avant—dans un cas, le rouge, le noir et le bleu, et dans l'autre, le rouge, le noir et le vert/jaune—mais elle semble également faire directement référence aux formes iconiques et culturelles Mbuti. Dans la planche 28, par exemple, le tissu de la mère présente une série de motifs abstraits assez similaires à ceux de l'écorce battue, qui, à bien des égards, animent l'ensemble de la toile. C'est la période la plus productive (et de bien des manières la plus signifiante) d'Eisner. Ses œuvres de cette période suggèrent une dislocation créative dans laquelle elle distille des éléments de différentes scènes, condensant la vie dans des formes qui sont à la fois visuellement puissantes et succinctes. Certaines de ces œuvres plus tardives (qui figuraient dans son exposition personnelle de mars 1963 à la Kaymar Gallery de New York, intitulée simplement « Paintings of the Belgian Congo Rain Forest ») laissent également entrevoir les réflexions d'Eisner sur des questions de genre plus vastes.

Les représentations des coiffures africaines constituaient un autre des sujets favoris d'Eisner, comme le suggèrent en partie trois œuvres, une esquisse à l'aquarelle sur papier journal (vers 1956), intitulée *Beauty Salon* [Pl. 26], une huile sur toile du même nom, *African Beauty Salon I*, achevée en 1957 [Pl. 27] et une troisième, intitulée *African Beauty Salon II* (huile sur toile, 1957; Pl. 28). Une photographie de Julian H. Apley [Fig. 6], légendée « A pigmy beauty parlor », qui apparaît dans *Madami* (p. 102), souligne l'importance de ce thème pour Eisner. Son esquisse de 1956 d'un salon de beauté sur papier journal [Pl. 26] présente un sens du mouvement saisissant, évoquant le flux et le volume du corps sous les vêtements. Imprégné de pigments—une qualité que le papier journal partage également avec l'écorce battue–, ce dessin suggère une sorte de primitivisation intentionnelle du processus et de la forme. Une série d'éléments iconiques, presque glyphiques, suggère l'intégration des idiomes formels Mbuti. *African Beauty Salon I* [Pl. 27] avec ses humains ressemblant à des félins ou à des insectes et ses autres icônes de type écorce battue, suggère que la licence artistique a peut-être rendu ici un double service en exprimant le mépris d'Eisner pour les pratiques des salons de beauté occidentaux et africains. Il est intéressant de noter qu'ici, comme dans les scènes de la mère et de l'enfant d'Eisner, il y a quelque chose de presque solitaire dans ces œuvres, ce qui suggère que même dans les représentations de la camaraderie féminine d'Eisner, il y avait un certain sentiment d'inquiétude et de malaise. L'interaction animée du Camp Putnam est ici réduite à un sentiment d'action parallèle. Bien que de nombreuses scènes d'Eisner montrant des femmes en train de cuisiner et de travailler présentent plusieurs femmes ensemble dans des contextes suggérant l'amitié, elle dépeint généralement ces femmes comme isolées les unes des autres. Même lorsqu'elles partagent le même espace, elles sont seules. Le silence de ces peintures, qui rappelle un peu Edward Hopper, fait également partie de leur puissance. Il convient de noter à cet égard que les peintures Mbuti nous offrent également une vision quelque peu incohérente de la société humaine et de ses interactions. Les humains n'apparaissent que rarement, voire pas du tout. Si les peintures sur écorce battue comportent de fréquentes représentations de maisons, de peignes, de mortiers, d'outils, de nourriture et d'autres exemples de la vie humaine, la forme humaine elle-même est absente – sauf bien sûr dans les peintures corporelles, où le corps sert à la fois de toile et de raison de peindre.

Croisements

Les peintures sur écorce battue Mbuti et les diverses œuvres d'Anne Eisner reflètent également la longue histoire des échanges culturels entre Mbuti, Bantou et Occident. Sur les quelque soixante-seize motifs picturaux Mbuti répertoriés et publiés dans Thompson et Bahuchet (1991), la grande majorité représente la flore locale (arbres, vignes, graines et plantes) et la faune (un ensemble de reptiles, mammifères, oiseaux et insectes de la forêt), ainsi que diverses références cosmologiques (les étoiles, surtout). Mais un certain nombre d'autres éléments (extérieurs) apparaissent également avec une certaine fréquence, parmi lesquels des lits, des mortiers, des échelles, des grains et des peignes qui font référence à des biens troqués par les populations des villages bantous voisins. Beaucoup de ces éléments représentent des biens que les Mbuti recevaient en échange non seulement de leur miel, du gibier et d'autres produits forestiers, mais aussi de peintures sur écorce battue. Il est intéressant de noter que parmi les peintures sur toile d'écorce collectées

Fig. 7 Sans titre, s.d.,
écorce battue,
49 × 34,5 cm, AMNH
(90.2/2390), New York,
collection Anne Eisner

par Eisner et Putnam, l'une d'entre elles [Fig. 7] comporte des lettres (R, K, A, E, L, certaines inversées) et des marques iconiques entrecoupées de taches, ce qui suggère non seulement que les formes d'écriture occidentales étaient parfois intégrées dans leurs peintures, mais aussi qu'à certains égards, elles étaient considérées comme partageant une certaine équivalence sémantique. De nombreuses toiles d'Eisner datant de 1955-1956 et montrant des scènes dans et autour du Camp Putnam présentent également un mélange d'éléments Mbuti, Bira et occidentaux. *Inside and Out* de 1956 [Pl. 22], par exemple, montre un intérieur avec une peinture murale représentant une croix et des idiomes occidentaux, offrant une compréhension plus mature de la forêt d'Ituri et des résidents indigènes qui y vivaient.

Serge Bahuchet (1991, pp. 134, 144-46) souligne que des siècles de commerce et d'intermariages ont eu pour conséquence que la plupart des membres des Mbuti et des autres populations de la forêt d'Ituri non seulement parlent les langues africaines de leurs voisins bantous, mais pratiquent également toute une série de formes religieuses et culturelles apparentées. L'image longtemps véhiculée de la forêt vierge (et du mode de vie pur des Mbuti) fut également considérablement modifiée par les « colonies » régulières d'étrangers à la recherche non seulement d'esclaves, d'ivoire et de gibier, mais aussi de terres de plantation pour les cultures commerciales[6].

La forêt d'Ituri connut des changements particulièrement spectaculaires, à commencer par le développement, en 1897, des plantations gouvernementales de café, de cacao et de palmiers, qui décimèrent de vastes zones de la forêt, puis par la fondation, en 1908, de l'État indépendant du Congo, avec l'introduction concomitante de cultures commerciales plutôt que consommables, du travail forcé, des monopoles étrangers et de la taxation sous forme de marchandises. Avec la diminution précipitée des aliments consommables au début du XXe siècle et l'augmentation de la malnutrition, les Mbuti subirent une pression croissante pour fournir de la viande de gibier aux plantations, aux postes administratifs et à leurs divers résidents bantous et occidentaux, dont le camp Putnam. La représentation d'okapis et d'autres antilopes dans les peintures sur tissu d'écorce des Mbuti à cette époque est également importante de ce point de vue.

En conséquence de ces changements, ce qui passait parfois pour une relation symbiotique entre les Mbuti et les Africains des plantations, prenait de plus en plus l'allure d'une relation de patron à client. Bahuchet note dans cette optique (1991, p. 145) qu'à cette époque :

> « L'ancien système d'alliance défini par des besoins réciproques s'est transformé, avec pour conséquence un système plus autoritaire de brutalité coloniale, provoquant une dureté des relations entre les patrons, les grands Africains, et leurs Pygmées. L'économie de marché qui a succédé à l'économie d'esclavage, dans les dernières années de la colonisation et après l'indépendance, a maintenu ce type de relation dans laquelle les villageois avaient tendance à considérer les Pygmées comme une sorte de serviteur-ouvrier à leur entière disposition. »

« Mes Pygmées », c'est ainsi que de nombreux Mbuti en vinrent à être identifiés avec condescendance par les habitants des plantations, alors même que les résidents du village devenaient de plus en plus dépendants d'eux – au Camp Putnam comme ailleurs.

Dans *Madami* (1954, p. 227), Eisner décrit l'un de ses modèles Mbuti en des termes qui mettent en évidence le mélange des formes culturelles Mbuti et Bira à la fois au Camp Putnam et dans les villages forestiers Mbuti, et cela se confirme également dans ses lettres et ses documents. L'un de ses modèles de peinture, une femme nommée Anifa, portait à la fois des toiles d'écorce et des perles importées :

> « J'ai installé mon chevalet et j'ai peint, avec Anifa comme sujet. Elle était assise devant sa maison, se grattant avec un petit couteau pour déloger les punaises qui s'étaient enfoncées dans sa peau. Elle portait un minuscule tablier en écorce battue, avec une sorte de motif à pois fait dans une teinture rouge brique. Autour de son cou, il y avait un collier de perles couleur corail et autour de ses poignets, deux bracelets faits de perles bleu vif. Il n'y avait rien d'autre pour cacher son extrême féminité. Elle était le modèle rêvé d'un artiste – entièrement femme, toute en jolies courbes, aussi insouciante qu'une rose parfaite, et tout aussi difficile à mettre sur une toile. »

Nous avons peu d'indications sur ce qu'Eisner paya à Anifa pour cette session, ou sur ce que les femmes artistes Mbuti demandèrent à Eisner et/ou Putnam pour les peintures sur écorce battue qu'ils acquirent. Après sa première visite à un village Mbuti dans la forêt, Eisner (1954, p. 35) note qu'elle « leur a donné du sel… », ce qui suggère qu'elle suivit probablement la tradition de longue date consistant à fournir des biens commerciaux aux Mbuti. Plus loin (p. 191), elle note que « des années auparavant, quelques perles de verre auraient pu suffire, mais elles étaient devenues assez sages pour connaître les merveilles que l'argent peut accomplir ». En ce qui concerne le Camp Putnam, elle ajoute: « Ils s'attendaient à recevoir quelques francs pour danser ou construire une maison de feuilles typiques. » Comme l'acte même de s'asseoir pour un artiste étranger, Anifa, le modèle Mbuti d'Eisner, illustrait dans son écorce battue et ses perles la longue histoire d'échanges entre les Mbuti et les autres qui entraient en contact avec eux – Africains et Occidentaux.

L'importance pour les Mbuti des petits articles de commerce tels que les perles est également abordée par Serge Bahuchet dans sa discussion sur les peintures des femmes Mbuti. Comme il le note (1991, p. 147), les prix que les femmes reçoivent pour leurs œuvres à l'époque actuelle – une cigarette peut-être, ou un morceau de savon – bien qu'ils soient comparables au métal, au tissu, aux perles, aux cauris et autres petits articles de luxe que les Mbuti troquaient historiquement contre le gibier abattu, sont minuscules par rapport aux prix que ces mêmes œuvres ont atteints sur les marchés de l'art de Chicago, Paris, Bruxelles et New York. Une majorité d'entre elles furent probablement produites spécifiquement pour des collectionneurs occidentaux. Comme pour le tableau du mur du salon de Putnam, ces patrons étrangers contribuèrent peut-être aussi, au fil du temps, à façonner les styles et les formes de ces peintures, ne serait-ce que par la promotion de certaines compositions et de certains sujets plus appréciés. On ne sait pas non plus très bien si ces œuvres furent réalisées exclusivement par des Mbuti (ou d'autres groupes dits pygmées), par opposition aux membres d'autres populations de la région de la forêt d'Ituri.

Postface

En 1953, l'année de la mort de Patrick Putnam, le Camp Putnam était sous la menace d'une prise de contrôle par le gouvernement belge, visant à transformer le camp (maintenant appelé Epulu) en une grande réserve de gibier et en un hébergement touristique. Colin Turnbull (qui avait visité le Camp

Putnam en 1951 et 1954), utilisa plus tard le camp comme base pour ses re-cherches. En 1957, Eisner retourna dans la forêt d'Ituri depuis New York, où elle vivait depuis 1954. Elle était revenue non seulement pour peindre, mais aussi pour préparer un article pour le *National Geographic* sur la vie à Ituri (Eisner Putnam, 1960). Deux des huiles d'Eisner de cette période – *Entrance to Camp Putnam* [Pl. 31] et *Ituri Forest IX* [Pl. 30], deux grandes œuvres (mesurant 127 × 101,6 cm et 122 × 127 cm), exécutées la même année que la parution de son article pour le *National Geographic* – suggèrent qu'Eisner était consciente que le camp était en train de mourir. Ces deux tableaux de 1960 évoquent le tourbillon chaotique et terrifiant de dommages et de dégradations qui semblait s'installer dans son cher Camp Putnam. C'est en partie pour cette raison que ces œuvres, plus que toutes ses peintures pré-cédentes, semblent intégrer des caractéristiques clés de l'esthétique Mbuti, et font partie des peintures les plus frappantes et les plus significatives de toute son œuvre.

Entrance to Camp Putnam [Pl. 31] présente une bande de terre ocre évoquant une clairière (et ce qui était autrefois une colonie), un tronc de pal-mier solitaire et un bananier représentant le village et le paysage cultivé qu'était autrefois Camp Putnam. *Entrance to Camp Putnam* est aussi une œuvre réso-lument introspective – un souvenir du passé et de ce qui n'est plus. La surface est traitée un peu différemment de celle des toiles précédentes, mettant l'accent sur des formes iconiques peintes et disposées séparément. Finkelstein (p. 186) décrit cette technique comme une forme « calligraphique », mais les marques suggèrent également des motifs et des peintures sur toile d'écorce Mbuti, non seulement dans leurs éléments iconiques, mais aussi dans le rendu individuel des détails d'herbe, d'écorce ou de feuillage. À certains égards, elle semble également s'inspirer de nouveaux modèles d'artistes de l'école de New York (dont Jackson Pollock), mais elle le fait d'une manière très personnelle, à la fois vive, individualisée et rappelant les peintures sur écorce battue. Les effets d'éclaboussures de peinture ou de pulvérisation de figures sont particulière-ment remarquables. Les lignes picturales douces d'une troisième œuvre de l'AMNH, presque semblables à celles de Barnett Newman dans leur subtil effet de transparence, sont également frappantes.

Dans *Ituri Forest IX* [Pl. 30], Eisner utilise certains de ces mêmes éléments, et on a l'impression que la force destructrice du changement a encore progressé. Ici, les palmiers debout sont étouffés par de longues lianes étrangleuses qui semblent sur le point de les vaincre. Des plantes à feuilles épaisses et des arbres ont tout englouti de ce qu'on peut voir. Il n'y a aucun signe de présence humaine, aucun indice de civilisation, aucun espoir. L'entassement des formes près de la surface donne une impression de claustrophobie, comme la bande forestière du tableau du salon des Mbuti au Camp Putnam. *Ituri Forest* est un traitement puissamment abstrait des détails de la forêt, éclaboussé de peinture pour montrer les détails des troncs d'arbres, la texture de l'écorce et le feuillage. Cette œuvre transmet en même temps un sens profondément émotionnel du lieu – et de la perte.

Les deux tableaux présentent à bien des égards des résonances avec les premières toiles d'Eisner de 1947 et 1948, *Camp Putnam* [Pl. 5] et *Pygmy Camp* [Pl. 6], mais en comparant ces œuvres, on a aussi le sentiment que tant Eisner que le monde de la forêt d'Ituri ont changé. Ce point de vue contraste avec les descriptions de Colin Turnbull sur cette période ultérieure et les éclaire. Ce que Turnbull décria comme l'assaut de l'influence occidentale et de l'agriculture de plantation, Eisner le considéra peut-être comme un retour à une sorte de chaos et d'anomie primitifs, tous deux censés tuer la vie des Mbuti.

Eisner et Turnbull partageaient tous deux une profonde inquiétude face à ces changements, et pour elle, la désintégration de la vie forestière qui accompagna ces événements devint un point de référence pour plusieurs de ses tableaux les plus puissants. Turnbull suggère avec beaucoup de regret que les Mbuti sont devenus « des professionnels, vendant leurs services aux touristes, se laissant photographier en train de faire des choses qu'ils ne feraient jamais dans la forêt ». En vérité, pendant une grande partie de leur existence, ils naviguèrent également entre les mondes occidental et africain. Non seulement leurs peintures sur écorce battue révèlent cette interaction, mais le Camp Putnam – et le rôle d'Anne Eisner dans ce contexte – était l'un des nombreux sites forestiers où de telles interactions avaient lieu, mais étaient également encouragées.

Quarante ans plus tard, au cours de l'été 2002, un groupe de Pygmées se produisit devant des touristes sur le terrain d'un zoo privé de la ville d'Yvoir, dans le sud de la Belgique. Ces huit indigènes du sud du Cameroun avaient été amenés en Europe pour présenter leur « culture et leur mode de vie uniques », évoquant ainsi ce que le journaliste de *The Observer*, Andrew Osborn, a appelé « les souvenirs troublants du cruel passé colonial de la Belgique[7]. »

Cette exposition vivante et troublante s'inscrivait clairement dans une histoire beaucoup plus longue d'exposition des habitants de la forêt africaine d'Ituri – une tradition qui comprenait également des dioramas avilissants dans les musées anthropologiques. En effet, la première mention connue des Pygmées est un récit égyptien de la quatrième dynastie concernant de minuscules « gens des arbres », qui furent enlevés de leurs maisons dans une forêt à l'ouest des monts de la Lune par le commandant militaire du pharaon Neferkarê. Ils furent identifiés comme des « danseurs des dieux », probablement pour refléter leurs spectacles de danse animés à cette cour. À la fin du XIXe siècle, deux garçons de la forêt d'Ituri avaient été envoyés de la même manière à la Geographic Association, qui avait parrainé le voyage à des fins d'exposition par l'explorateur italien Giovanni Miani (Turnbull, 1962, p. 17). L'exemple de loin le plus infâme de cette pratique est la présentation d'Ota Benga à l'Exposition universelle de Saint-Louis en 1904, suivie d'une tournée au cirque et au zoo du Bronx. La capture et l'exposition façonnèrent longtemps la culture de la forêt d'Ituri en Occident.

Dans l'histoire plus récente, les images des Mbuti et des peuples avec lesquels ils ont vécu (africains et occidentaux) ont donné lieu à des expositions qui servent à la fois de moyen de contextualisation de la différence et de cartographie de l'altérité dans l'imaginaire occidental, d'une manière qui complète les stratégies cartographiques en jeu dans les traditions picturales d'Anne Eisner et des Mbuti. Les intérêts cartographiques évoqués dans ces œuvres constituent à cet égard un cadre et un correctif importants pour les expositions vivantes, depuis l'arrivée d'Ota Benga à Saint-Louis jusqu'aux expositions de 2002 à Yvoir. Les tableaux peints offrent non seulement une perspective féminine de la vie dans la forêt d'Ituri, tant du point de vue occidental que local, mais ils suggèrent également les manières frappantes dont le paysage unique de cette région influença les vies et les arts qui y étaient liés. Il est tout aussi important de remarquer que les peintures saisissantes d'Anne Eisner et des femmes Mbuti offrent un aperçu unique de la facilité avec laquelle ces cultures se sont interpénétrées, non seulement en termes d'objets et de sujets d'échange, mais aussi en ce qui concerne les éléments de la forme et de la création artistique en général.

¹ Malheureusement, bien que Robert Farris Thompson cite les noms de plusieurs femmes artistes (1991, p. 78) – Bulanga, Nekiado, Kondabate, Babume, entre autres – on ne trouve pas d'exemples de leurs peintures dans le catalogue de l'exposition (ni les noms des artistes pour les œuvres plus récentes rassemblées), de sorte que nous ne sommes pas en mesure d'évaluer certains aspects du style, de la composition ou du contenu de ces œuvres.

² L'importance de ces vignes est suggérée par Turnbull (1961, pp. 67-68), qui décrit le processus par lequel des formes simples de mobilier sont fabriquées à partir des matériaux forestiers facilement disponibles.

³ Un certain nombre de ces œuvres furent présentées un an après la mort d'Eisner, lors d'une exposition organisée en 1968 à la Jarvis Gallery de Woodstock, dans l'État de New York.

⁴ L'interprétation de ces motifs et d'autres motifs d'écorce battue Mbuti est tirée principalement du tableau publié par Robert Farris Thompson (1991, pp. 94, 95, 97, 100), son examen étant largement basé sur le travail d'Hénault et de sa source Mbuti, Kenge.

⁵ Une carte dessinée au crayon en 1935 délimite la rivière Epulu et les Pygmées de Lubamba voisins, et donne un certain sens de la découverte en ce qui concerne les Mbuti. Une autre carte d'Ituri, préparée celle-ci par Patrick Putnam en 1940, recrée la route vers le Camp Putnam et la rivière Epulu depuis Stanleyville, en indiquant le nombre de jours nécessaires pour atteindre certains villages. De petites icônes touristiques représentant des éléments notables sont également incluses pour donner un sentiment de spécificité et d'exotisme – un avion, un crocodile et un hippopotame. Une carte de 1950 figurant dans une brochure de voyage sur papier glacé, « Visitez le Congo belge », conservée dans les archives des Putnam, montre un groupe de masques et d'animaux sauvages stéréotypés d'Afrique centrale, suggérant ici encore l'importance que de telles cartes jouèrent en tant que propagande touristique, encourageant d'autres aventuriers à se rendre au Camp Putnam pour faire eux-mêmes l'expérience de l'exotisme d'Epulu. Ces différents exemples montrent clairement que Putnam et Eisner étaient profondément intéressés par les cartes (en cela, ils n'étaient pas différents des autres voyageurs), mais aussi que dans de nombreux cas, ces cartes furent éditées, élaborées et que parfois ils recréaient les cartes qui font partie de leur collection.

⁶ Kenge, la principale source de recherche de Colin Turnbull (à qui Kenge servait aussi de cuisinier : 1962, pp. 29-30) et de Robert Farris Thompson (1991, p. 7) en est un exemple. Orphelin, Kenge, qui grandit au Camp Putnam et y travailla plus tard, illustre cette tradition d'échange. Les Mbuti étaient souvent impliqués dans des événements liés au Camp Putnam, fournissant, entre autres, des divertissements touristiques. Ayant grandi avec toutes les activités du camp, il est devenu un « touche-à-tout ». Il a également participé aux fonctions de l'hôtellerie, gagnant de l'argent en repassant les vêtements des invités de Putnam et en accomplissant d'autres tâches, devenant entre autres le « clairon » de l'Animal Station (Turnbull, 1962, pp. 29-30). En résumé, Kenge, comme beaucoup d'autres Mbuti à cette époque, passait autant, sinon plus, de temps au village que dans la forêt. Son déplacement et sa dislocation mêmes étaient le signe d'une réalité de longue date qui avait fini par façonner la vie de nombreux Mbuti. S'il ne fait aucun doute qu'il connaissait bien la culture Mbuti, il la connaissait à la fois en tant qu'initié et en tant qu'outsider. Voir également Turnbull (1962, p. 169) et Eisner, « My Life with Africa's Little People », *National Geographic*, vol. 117, n° 2 (février 1960).

⁷ La présentation fut apportée au zoo par Louis Raets. Le titre de l'article d'Andrew Osborn dans *The Observer* était le suivant : « Le spectacle des Pygmées au zoo suscite le dégoût : Chanson et danse d'Afrique accusées de "racisme" ». (*The Observer*, 11 août 2002.)

Résister aux stéréotypes : la conception de *Madami*, des mémoires d'Anne Eisner Putnam avec Allan Keller (1954)

Christraud M. Geary

Cet essai traite de deux sujets. D'une part, il est question de la manière dont les auteurs et les créateurs d'images du Nord géographique inventèrent la distinction raciale et culturelle de ceux qu'on appelle les Pygmées ou les Pigmées. D'autre part, l'essai porte sur la façon dont Anne Eisner Putnam, dans son livre *Madami: My Eight Years of Adventure with the Congo Pigmies*, tenta de remettre en question certaines de ces croyances stéréotypées sur les peuples qu'elle rencontra lors de ses séjours avec son compagnon et futur mari Patrick Putnam au Camp Putnam, au Congo belge[1]. Le projet devint une tâche difficile pour elle, ce qu'elle n'avait pas envisagé lorsqu'elle signa le contrat du livre avec Prentice Hall, une maison d'édition new-yorkaise réputée, en 1952, alors qu'elle était au Camp Putnam. Les futures contributions d'Eisner étaient censées être basées sur ses expériences exceptionnelles, car elle avait alors vécu au Congo pendant huit ans. Allan Keller, son coauteur et éditeur, n'était jamais allé en Afrique. Il s'inspira de la littérature populaire antérieure, qui diffusait des représentations erronées des Pygmées, et d'écrits sur le rôle des femmes blanches dans l'Afrique centrale coloniale. Dans la première partie de cet article, je présenterai plusieurs publications d'auteurs influents du XIXe et du XXe siècle contenant des descriptions et des références aux Pygmées et à la situation au Congo, qui étaient disponibles lorsque Eisner et Keller collaborèrent au manuscrit. La deuxième partie de mon essai se concentre sur le combat d'Eisner avec son coauteur et sur les échanges avec Monroe Stearns, son second éditeur, dans le but de corriger les descriptions de sa vie de femme au Congo et de remettre en question les constructions verbales et visuelles antérieures des Pygmées et des Bira, leurs voisins. Une dernière section examine certaines des illustrations sélectionnées pour *Madami*, et se termine par un compte rendu de la colère et de la déception d'Eisner après la parution du livre en 1954.

Fig. 1 *Pygmies in Forest I*, 1951-1952 (Pl. 9, détail)

Stéréotypes Pygmées

Parmi les nombreuses populations d'Afrique, peu ont frappé l'imagination des Occidentaux comme les Pygmées, un terme ancien aujourd'hui considéré comme péjoratif[2]. Depuis l'Antiquité, il désignait des peuples de petite taille du monde entier, qui étaient des chasseurs et des cueilleurs, parmi lesquels les Mbuti de la forêt d'Ituri, et les Aka, Twa et Efe dans d'autres régions du nord-est du Congo, ainsi qu'au-delà des frontières du Rwanda et de l'Ouganda actuels[3]. Les Pygmées d'Afrique centrale restèrent nimbés de mystère jusqu'à la seconde moitié du XIXᵉ siècle, lorsque les premiers voyageurs, explorateurs et scientifiques commencèrent à rapporter leurs rencontres avec des « nains » ou des « petites gens », confirmant ainsi leur existence. Les auteurs de ces récits créèrent leurs propres mythes sur les caractéristiques raciales et culturelles des Pygmées – les stéréotypes pygmées, qui influencèrent la pensée et les perceptions occidentales jusqu'au XXᵉ siècle.

Le botaniste et scientifique allemand Georg Schweinfurth (1836-1925), qui voyagea dans le nord-est du Congo en 1870-1871, était l'un des auteurs les plus lus. Si ses publications savantes s'adressaient à ses collègues scientifiques, il écrivit également un récit illustré en deux volumes sur ses exploits, à l'intention du grand public. *The Heart of Africa. Three Years' Travels and Adventures in the Unexplored Regions of Central Africa from 1868 to 1871* est paru en allemand, en anglais et en français en 1874. Le deuxième volume contient un long traité sur les caractéristiques raciales des Pygmées. À ses yeux et à ceux de ses contemporains, les Pygmées étaient étroitement liés aux singes et aux simiens[4]. Cette association des Noirs africains avec les singes et les simiens s'était répandue au cours du siècle des Lumières dans les théories sur le « chaînon manquant » de l'évolution humaine, et s'est consolidée après la publication de *On the Origin of Species* (*L'Origine des espèces*) par Darwin en 1859[5]. Selon la pensée du XIXᵉ siècle, la physionomie d'un homme ou d'une femme permettait également de tirer des conclusions sur son intelligence et son caractère. Ainsi, Schweinfurth décrivait les Pygmées comme rusés, une qualité qui, à ses yeux, faisait d'eux d'excellents chasseurs[6]. Dessinateur et scientifique passionné, il dessina des Pygmées et prit leurs mesures anthropométriques. Deux gravures de Pygmées réalisées d'après ses dessins illustrent *The Heart of Africa*, et l'une d'elles, intitulée « Bomby the Akka », donne une forme visuelle à leurs caractéristiques raciales supposées simiesques, en montrant un homme aux proportions étranges, au visage prognathe, vêtu d'un tissu d'écorce, tenant une lance et un arc et des flèches [Fig. 2].

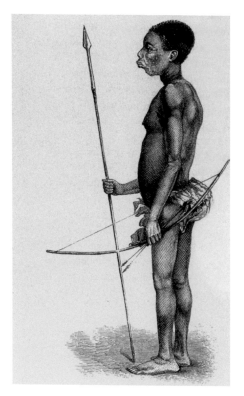

Fig. 2 Photographe inconnu, *Bomby le Akka*, collection privée

Fig. 3 Photographe inconnu, *Nain captif à Avatiko*, collection privée

L'explorateur et journaliste gallois-américain Henry Morton Stanley (1841-1904) fut une autre voix influente, façonnant l'imaginaire populaire sur les Pygmées. Au cours de sa retraite précipitée après l'échec de sa mission de sauvetage d'Emin Pasha, né en Silésie et gouverneur colonial de la province égyptienne d'Équatoria (aujourd'hui le Sud-Soudan), il rencontra plusieurs groupes de Pygmées en 1888. Dans son best-seller de 1891, fréquemment réédité, intitulé *In Darkest Africa; or The Quest, Rescue, and Retreat of Emin, Governor of Equatoria*, il se souvient avoir rencontré une « tribu de nains » alors qu'il se trouvait dans la région de l'Ituri, dans l'État libre du Congo, à l'époque propriété personnelle de Léopold 1er, roi des Belges. Le récit de Stanley fait écho aux observations de Schweinfurth sur la race. Même l'image d'un homme pygmée dans son livre provient d'un dessin antérieur de Schweinfurth. Les illustrateurs de Stanley l'ont représenté dans une pose identique, exhibant une lance, un arc et des flèches, armes qui allaient devenir les emblèmes des Pygmées [Fig. 2]. Il est vêtu d'un pagne et porte un petit chapeau. Cependant, le Pygmée de Stanley était maintenant un humain correctement proportionné, s'éloignant au moins visuellement de l'association simien-pygmée sur l'échelle de l'évolution humaine[7]. [Fig. 3]

L'un des thèmes communs aux premiers écrits concernait les capacités de chasse des Pygmées, en particulier l'abattage de grands éléphants. Schweinfurth ne le mentionnait qu'en passant, se concentrant davantage sur les questions de race, tandis que Stanley entrait dans les détails et incluait des références à l'utilisation de poisons, ce qui intrigua le lectorat du Nord géographique[8]. Cette préoccupation pour les prouesses de chasse des Pygmées devint un élément constant dans les publications ultérieures. De nombreuses illustrations anciennes, qu'il s'agisse de gravures ou de photographies, font allusion à ces compétences et montrent des Pygmées avec un arc et des flèches. Schweinfurth et Stanley avaient créé un plan pour les descriptions écrites et les visualisations ultérieures.

Au début du XXe siècle, les Pygmées devinrent observables, mesurables, voire transportables, et des « performeurs » pygmées apparurent dans des spectacles, tels que des foires, des expositions, des musées et des zoos en Europe et aux États-Unis. L'explorateur et voyageur impresario James Jonathan Harrison (1858-1923), par exemple, amena une troupe de Pygmées du Congo en Grande-Bretagne. Les six Pygmées dansèrent et chantèrent sur des scènes à Londres et ailleurs, entre 1905 et 1907. Vêtus de jupes en herbe, ornés de perles, de boutons et de plumes, et tenant des arcs et des flèches, ils ravirent le public, et les cartes-photos du groupe firent fureur parmi les amateurs de cartes postales [Fig. 4][9].

Aux États-Unis, un homme Mbuti du nom d'Ota Benga, un autre « performeur » pygmée transporté, fit sensation lorsqu'il apparut à l'Exposition universelle de Saint-Louis en 1904, et lors du Mardi gras à La Nouvelle-Orléans en 1905. En 1906, il fut exposé dans la Maison des singes du zoo du Bronx à New York et se suicida tragiquement en 1916[10]. Ainsi, les images des Pygmées, sous forme écrite et visuelle, circulèrent largement dans les sphères savantes et populaires.

Publications, films et tourisme dans le Congo Belge

Peu après que l'État libre du Congo du roi Léopold fut devenu une colonie belge en 1908, l'administration belge commença à promouvoir le

Fig. 4 Carte postale avec photographie d'acteurs pygmées en Grande-Bretagne, *circa* 1906, Museum Rietberg Zürich, Collection Christraud M. Geary

THE PYGMIES.
BOKANE (CHIEF). MAFUTIMINGA. MATUKA.
QUARKE (PRINCESS). MONGONGA. AMURIAPE.
Photo Gale & Polden, Ltd.

tourisme en véhicule motorisé et à pied, ainsi que les activités de recherche dans la colonie. Interrompues par la Première et la Seconde Guerre mondiale, ses campagnes de marketing se poursuivirent jusque dans les années 1950, et même pendant plusieurs années après l'indépendance de la colonie en 1960[11]. Fascinés par ces publicités dans les années 1920 et 1930, des voyageurs et des aventuriers du Nord géographique, y compris des photographes et des cinéastes, visitèrent le Congo et publièrent leurs travaux[12]. Parmi eux, Delia Akeley, l'épouse du célèbre explorateur et cinéaste Carl Akeley. Son livre *Jungle Portraits*, illustré de ses photographies expertes, fut publié pour la première fois en 1930, puis à nouveau en 1933[13]. Akeley y décrit comment, en tant que femme voyageant seule dans les «jungles» africaines au cours de l'été 1924, elle recherche les mystérieux Pygmées.

> «Bien que je n'aie jamais voyagé au Congo et que je n'aie aucune connaissance directe des conditions qui y règnent, j'avais tellement lu sur l'immensité des forêts, le climat mortel, les cannibales, les sorciers et les insaisissables Pygmées, que je ne me faisais aucune illusion sur le sérieux de la tâche que je m'étais imposée ou sur les dangers qui m'attendaient dans les profondeurs de la jungle[14]. »

Comme la plupart des aventuriers, Akeley avait des idées et des attentes préconçues, qui furent finalement déçues. Elle rencontra des Pygmées pour la première fois dans le village d'un chef Lese, pour se rendre compte que «ce n'étaient pas les Pygmées que j'étais venue voir », lorsqu'ils s'alignèrent pour être photographiés. «Ce n'étaient que les voisins amicaux d'un sultan entreprenant [chef du village de Lese], qui a admis qu'une sorte de partenariat existait entre eux, et que, moyennant une légère rémunération, la petite famille pygmée vivait à proximité et venait à sa demande poser pour tous les voyageurs qui passaient par là[15]. » Après un traité inséré sur l'histoire et les conditions des Pygmées ou « petit peuple », qui reprend de nombreux tropes des écrits précédents, elle écrit qu'elle est enfin arrivée dans un authentique village pygmée. Elle passe le reste du chapitre à décrire ses expériences, et songe à vivre avec les Pygmées pendant quelques jours. Ses souvenirs se terminent par une dangereuse chasse à l'éléphant pygmée[16].

La publication d'une autre femme gagna également en popularité, même si ce ne fut que pour une courte période. Il s'agit du livre de 1929 *Then I Saw the Congo* de Grace Flandrau, journaliste et écrivaine, qui avait entrepris avec son amie Alice M. O'Brien, cinéaste, un voyage en automobile et à pied le long du fleuve Congo et finalement en Afrique de l'Est. Au cours de leur périple, elles rendirent visite aux Mangbetu, aux Pygmées et à d'autres peuples, et les filmèrent, les utilisant parfois comme acteurs. Les mémoires pleines de vie de Flandrau sur le voyage, et son discours direct, décrivant des événements souvent frustrants mais aussi comiques entourant le comportement des protagonistes africains devant la caméra, constituaient une lecture intéressante – du moins pour le public occidental. Flandrau voyait les Pygmées comme des innocents dont elle se sentait très proche. Ils avaient une humanité qui, à ses yeux, les rapprochait davantage de la race blanche que les autres Africains qu'elle avait rencontrés[17]. Le livre de Flandrau déçut cependant certains de ses détracteurs. Dans une coupure de presse intitulée « A Piece of Her Mind », que j'ai trouvée dans une première édition du livre, Elsie McCormick déplore le fait que « Mme Flandrau n'a jamais réussi à sortir des sentiers battus. Son groupe s'est déplacé dans ce qu'il croyait être un pays inexploré, pour découvrir que des routes automobiles étaient tracées et que des garages étaient sur le point d'ouvrir leurs portes. Ils ont trouvé des lumières électriques clignotant dans les maisons des missionnaires, même au fin fond de la forêt d'Ituri[18]. »

Les Pygmées sont également mentionnés dans *Congorilla. Adventures with Pygmies and Gorillas in Africa*, un livre de Martin Johnson publié à l'occasion de la sortie en 1932 du film du même nom, qu'il avait tourné avec sa femme Osa en Afrique orientale et centrale. Leurs films, photographies et écrits influencèrent les idées du public sur l'Afrique et d'autres régions du monde. Le couple, qui était avant tout des naturalistes et des photographes animaliers, enregistra également les « coutumes » des Africains qu'il rencontrait. Osa partageait la vision des Pygmées avec son mari, qui a écrit dans *Congorilla* :

> « Les Pygmées mènent une vie heureuse d'esclavage insouciant dans leur patrie forestière utopique. Ils sont de simples enfants, mentalement et physiquement, toujours prêts à chanter, danser et s'amuser. Ils passent leurs journées comme des jeunes à un pique-nique sans fin et il n'y a rien de méchant ou de malicieux chez eux. Ce sont de véritables enfants de la nature[19]. »

Le trope des « enfants de la nature » était un renversement du trope du « nain malicieux et rusé » qu'on trouvait dans les livres de Schweinfurth et Stanley. Ces stéréotypes contrastés renvoient à la dichotomie noble/ignoble sauvage de la pensée occidentale.

Les publications du père Paul Schebesta (1887-1967), anthropologue autrichien et membre de la Society of the Divine Word, une organisation missionnaire catholique, influencèrent également la perception populaire des Pygmées. À la fin des années 1920 et dans les années 1930, il mena des recherches approfondies parmi les groupes Batwa, Efe et Mbuti dans l'est du Congo et dans ce qui est aujourd'hui le sud de l'Ouganda. Bien qu'il se soit principalement concentré sur les questions de race, il prêta également attention aux activités culturelles des groupes. Ses livres destinés à un public universitaire ne sont parus qu'en allemand, mais il se lança également dans l'écriture de récits de voyage pour un public populaire, ce qui entacha sa réputation d'érudit. Le premier de ces ouvrages, richement illustré de photographies, s'intitule *Among Congo Pigmies* en 1933, et deux autres tomes suivront en 1936[20].

Ces récits et images de Pygmées vivant dans des régions reculées du Congo façonnèrent les attentes des nombreux visiteurs qui arrivaient au Camp Putnam. Fondé par Patrick Putnam en 1933 en tant que dispensaire et poste de santé, il devint un petit hôtel réputé. Pour ses clients aisés, qui voyageaient dans le cadre de circuits d'aventure vers ou à travers le Congo belge, l'une des principales attractions était les spectacles des Pygmées de Putnami, un groupe de Mbuti, qui travaillaient pour Putnam et le camp et s'y étaient attachés, comme Eisner l'a décrit dans *Madami*. Ils rencontrèrent également des hommes, des femmes et des enfants des Bira, un groupe ethnique qui vivait en symbiose avec les Mbuti.

Collaboration et conflit : l'écriture de *Madami*

En grandissant à New York, Eisner avait déjà entendu parler des Pygmées « à l'école ». Elle écrit : « J'avais vu le petit groupe familial de mannequins fabriqués pour ressembler à des Pigmées à l'American Museum of Natural History de New York, pas très loin de chez moi[21]. » Pendant qu'elle vivait au Camp Putnam, elle peignait, prenait des notes sur les Mbuti qu'elle avait appris à connaître, effectuait des recherches sur leurs légendes et envoyait des centaines de lettres à sa famille et à ses amis, décrivant ses expériences dans un langage plein de vie et sans fioritures. Elle avait également accès à la bibliothèque du camp pour les invités, et lors de courts séjours aux États-Unis, elle continuait à s'instruire et à lire des publications sur le Congo[22]. En 1952, la famille d'Eisner et son mari, alors malade, l'encouragent à publier ses notes[23]. Monroe Stearns, le rédacteur en chef de Prentice Hall, une importante maison d'édition de New York, était une connaissance de la famille et, après que celle-ci lui eut remis des échantillons des lettres d'Eisner, il fut intrigué par son histoire. Stearns reconnut le talent exceptionnel d'Eisner en tant qu'écrivaine, peintre et observatrice, ainsi que le caractère unique de ses expériences au Congo. Il était également conscient du potentiel de génération de revenus d'un tel récit, car les aventures d'Eisner dans « l'Afrique la plus sombre » plairaient à un large lectorat. Lorsque le projet devint réalité, Eisner, sa famille et Stearns firent appel au célèbre Allan Keller pour coécrire et éditer le livre. Cette étape était nécessaire, car Eisner, étant dyslexique, avait besoin de l'aide d'un bon correcteur. Keller avait d'excellentes références en tant que rédacteur et chroniqueur pour le *New York World-Telegram and Sun* et en tant que membre de la faculté de l'école supérieure de journalisme de l'université de Columbia[24]. Eisner avait l'intention d'écrire un livre authentique basé sur ses expériences, remettant en question de nombreux stéréotypes sur les Pygmées, « l'Afrique la plus sombre », et sur son propre rôle en tant que femme dans le Congo colonial. Keller et Stearns, quant à eux, étaient bien conscients du fait que le public était mieux servi par des récits et des tropes familiers et reconnaissables sur les peuples d'Afrique et les femmes voyageuses.

Au début du projet, Eisner vivait encore au Congo, ce qui compliqua la collaboration avec Keller. Elle dut également faire face à des défis majeurs, car la santé de son mari avait considérablement décliné. En conséquence, le Camp Putnam se délabra, connut des problèmes financiers et les touristes l'évitaient. L'administration coloniale belge la menaça même d'expulsion et de saisie du Camp Putnam. En détresse émotionnelle, Eisner fuit ces événements tragiques et se rendit à New York en décembre 1952. Elle y rencontra Keller, lui raconta son séjour au Congo et il prit des notes. Cependant, en mars 1953, Eisner était de retour au Camp Putnam[25]. Keller reçut également d'autres lettres de la famille et des informations supplémentaires d'Eisner dans une correspondance ultérieure, et à partir des centaines de pages manuscrites et dactylographiées, il condensa ce qu'il pensait être une version lisible et intéressante des expériences d'Eisner. Des négociations complexes virent rapidement le jour entre Eisner et Keller. Stearns devint l'arbitre dans les conflits croissants entre les coauteurs sur les thèmes, la précision et l'authenticité. Au cœur des batailles, qu'Eisner mena vaillamment par courrier, se trouvaient plusieurs questions, au premier rang desquelles la représentation des Pygmées. Les autres terrains contestés étaient le genre et la vie contemporaine dans le Congo belge colonial. Bien que Keller ait eu l'autorisation de créer le scénario à partir d'extraits des lettres d'Eisner, il prit une licence artistique considérable dans ses sélections (et également ses omissions) pour le manuscrit. Il inventa par exemple des situations dangereuses et dépeignit Eisner comme une héroïne affrontant courageusement des horreurs, telles que des attaques d'animaux. Parfois, elle devenait la femme craintive ou l'épouse dépendante de Putnam, qui se livrait à des activités domestiques insipides, ce qui irritait particulièrement Eisner. Le désaccord se développa également à propos de la façon dont Keller présentait son mari, qui, à ses yeux, n'était pas suffisamment reconnu.

Une analyse plus approfondie des interactions et de la correspondance entre Eisner, Keller et Stearns montre à quel point leurs visions et leurs programmes pour le livre étaient différents. Dès le début de leur relation professionnelle en 1953, Keller encouragea Eisner à lui fournir :

« Deux types de choses que je veux plus que tout [...] L'un est le matériel anecdotique de grand intérêt – comme les chasses au léopard, les chasses régulières, les danses, les "grandes nouvelles de l'Epulu" en d'autres termes [...] L'autre type de matériel est l'humour, les choses légères qui rendront l'histoire gaie et intéressante[26]. »

Mais Eisner s'y oppose et décrit les conflits entre elle et Keller dans une lettre adressée à Stearns :

« Je fournis du matériel à Allan. Je lui ai donné des rapports détaillés sur un mariage pygmée lorsque j'ai dormi dans le village pendant trois jours. Je lui ai donné des rapports détaillés d'un décès pygmée important et de toutes les séquelles ou presque et comment cela a affecté la vie de différentes personnes. Cela fait également partie de la cérémonie [...] Quant à permettre à Allan d'inventer des histoires à couper le souffle. Certainement pas. Le plus important, c'est que je ne sois pas mordue par un léopard. Voici l'histoire d'une peintre new-yorkaise chez les Pygmées [...]
En ce qui me concerne, j'obtiens d'Allan des [matériaux] sacrément passionnants [...] Plus toutes mes connaissances et ce que même Pat [son mari] m'a dit. Je lui ai donné des rapports détaillés de la chasse [...] Je trouve que les livres sur la façon dont j'ai tué mon léopard sont ennuyeux à mourir. J'en ai marre de ces braves gens en Afrique. Il est temps qu'un livre soit écrit sur un lâche. Il est temps

que l'Afrique sorte de l'ère Stanley et Livingston. Si ce n'est pas le cas dans mon livre, je romps le contrat[27]. »

Comme l'indique le passage ci-dessus, elle fournit surtout de solides observations ethnographiques et personnelles. Au grand désarroi d'Eisner, Keller était « manifestement plus intéressé par les animaux, ce qui est bien, je pense, mais un très grand nombre de lecteurs vont être intéressés par les histoires de Pigmées. Du moins, je l'espère et j'ai constaté que c'était vrai à New York chaque fois que je suis allée chez moi[28]. » Néanmoins, les récits d'attaques d'animaux occupèrent le devant de la scène dans le livre. Ils vont du premier chapitre sensationnel sur une femme pygmée mortellement blessée par un léopard mangeur d'hommes, aux histoires ultérieures de fourmis dévorantes et à une morsure de serpent, à laquelle Eisner survécut. En fin de compte, Eisner ne rompit pas son contrat, mais elle ne réussit pas non plus à concrétiser sa vision.

Alors qu'Eisner évoque dans ses écrits l'Afrique coloniale contemporaine, Keller est clairement prisonnier du stéréotype de « l'Afrique la plus sombre et la plus dangereuse ». Tout au long des dix-neuf chapitres du livre, il met dans la bouche d'Eisner des mots mélodramatiques qui semblent tout droit sortis de récits de voyage antérieurs. En référence à la croyance au « mauvais œil », qu'Eisner a documentée chez les Mbuti, Keller a eu sa muse dans le premier chapitre du livre : « C'était la voix de l'Afrique – la vraie Afrique. Ici, dans la clairière où Pat et moi vivons, gérant un petit hôtel et entretenant un hôpital de campagne et un dispensaire pour le gouvernement colonial belge, la civilisation se tenait à distance des sombres mystères, de toute l'ignorance et de toutes les peurs informes et sans nom du Congo[29]. » Ce passage et d'autres écrits par Keller constituèrent la base des récits de voyage sur le Congo et les Pygmées.

Examinons de plus près deux aspects inconciliables du livre : d'une part, la vision des Pygmées comme des enfants de la nature, qui rappelle des tropes antérieurs, d'autre part, la personnalisation des protagonistes Mbuti par Eisner, qui rompt avec les conventions d'écriture précédentes. Les stéréotypes se retrouvent dans la façon dont Eisner (ou Keller ?) raconte son premier séjour prolongé chez les Pygmées : « Pendant une semaine, je suis restée près du village, peignant, dessinant et flânant. C'était comme un petit coin de paradis. Les Pygmées chassaient, travaillaient ou dansaient au gré de leurs envies, et j'avais l'impression de vivre dans un pays de rêve[30]. » Cette description très « Magicien d'Oz » semble correspondre à la « patrie forestière utopique » de Martin et Osa Johnson, plaçant ainsi les Pygmées dans le domaine des contes de fées, et les infantilisant. Le trope du XIXᵉ siècle du Pygmée enfantin, qui occupe un niveau différent dans le développement émotionnel et intellectuel, se retrouve tout au long de *Madami* dans les références fréquentes aux Pygmées en tant que « petites » personnes. En termes symboliques, Eisner est devenue la « mère blanche » de ces enfants, un rôle qui fut renforcé par le récit selon lequel elle nourrit trois bébés pygmées.

Bien que nombre de ces tropes attendus apparaissent dans *Madami*, l'approche d'Eisner diffère encore sensiblement des autres écrits sur les Pygmées. L'un des aspects novateurs du récit d'Eisner est sa description des Mbuti en tant que personnes ayant une histoire, des espoirs et des aspirations. Elle développa même des personnages : il y avait Herafu, le philosophe, et Faizi, le chasseur d'éléphants. Les femmes comprennent Anifa, une chanteuse accomplie, et Basalinda, qui connaît une mort tragique. Elle se concentrait sur les femmes pygmées et s'intéressait aux aspects performatifs de la culture Mbuti. Dans ses récits sur les gens qu'elle connaissait et appréciait, Eisner ne suivait ni les conventions de l'écriture de voyage ni celles de l'écriture ethnographique de l'époque. L'écriture ethnographique éliminait la voix personnelle de l'ethnographe, construisait des récits détachés et « objectifs » et promulguait des généralités sur les « tribus », les spécimens et les « types », niant ainsi l'individualité des acteurs africains. Eisner possédait des données ethnographiques solides sur les Mbuti – des sujets qui n'avaient jamais été abordés auparavant – comme le festival Molimo, l'initiation et le mariage, qui apparaissent dans ses notes, mais pas dans le livre. Malgré tout, son livre a introduit de nouvelles méthodes d'écriture ethnographique, car elle a assumé une forte présence d'auteur, préfigurant l'école réflexive de l'anthropologie, qui émergea dans les années 1980, quelque trente ans après la publication de *Madami*.

Un autre aspect distingue *Madami* des écrits antérieurs. Les descriptions vivantes d'Eisner sur les activités du Camp Putnam, y compris les histoires sur les invités excentriques et les spectacles pygmées mis en scène, révélèrent des expériences en Afrique que la plupart des écrivains ont supprimées, car de tels récits interféraient avec la construction d'une Afrique lointaine et exotique. Les voyageurs partagèrent plutôt avec leurs lecteurs la façon dont ils se donnèrent beaucoup de mal pour atteindre des royaumes lointains, où ils purent revivre des expériences authentiques de rencontre avec des Pygmées dans leur habitat d'origine.

Le manuscrit final et le choix des illustrations

En février 1954, Stearns envoya le manuscrit final du livre de Keller à Eisner, pour qu'elle le relise et le commente, et il lui assura « qu'Allan avait fait un travail magnifique avec le matériel[31]. » Eisner, qui se trouvait encore en Afrique, ne partagea pas l'enthousiasme de Stearns lorsqu'elle vit les résultats de cette collaboration à distance. Dans un commentaire détaillé page par page, elle contesta l'exactitude et les choix thématiques du livre, déplorant le fait que les animaux et non les Pygmées occupent le devant de la scène. Les objections d'Eisner, telles que « Arrêtez de présenter des léopards qui toussent tout le temps, ça me rend nerveuse », « Aucun Pigmée ne parle anglais », « Il n'y a pas de tambours de signalisation dans l'Ituri » sont typiques de sa réponse émotionnelle et parfois de sa colère face aux erreurs et aux emphases du texte[32]. Il semble que la livraison du manuscrit au Congo ait pris beaucoup de retard, et que ses commentaires ne soient pas arrivés à temps avant la mise sous presse du livre.

Les illustrations de la première édition américaine du livre, qui vont des dessins au trait et des photographies d'Eisner aux pages de garde et à la jaquette, créent également des récits contradictoires, reflétant une fois encore les visions différentes d'Eisner, du coauteur et de l'éditeur. Les dessins fluides d'Eisner sur les Mbuti et les Bira, qui rappellent les œuvres minimalistes de Matisse, témoignent de la finesse de sa sensibilité [Fig. 5]. Stearns, qui avait choisi ces dessins d'Eisner, travailla avec des illustrateurs et des designers[33].

Fig. 5 Sans titre, *circa* 1950, encre sur papier, série Madami, publié dans *Madami* (p. 143)

Chacun des dix-neuf chapitres s'ouvre sur un dessin pleine page, qui ne semble pas avoir de rapport avec les thèmes du chapitre. Aucune de ces œuvres n'est légendée, et c'est donc au spectateur de décider de leur contenu et de leur contexte. L'accent est mis sur la représentation des femmes et de leurs activités domestiques. Plusieurs autres montrent la danse et la musique Mbuti et Bira. Cette sélection correspond à l'intérêt général d'Eisner pour les femmes et les aspects performatifs des cultures Mbuti et Bira.

Stearns était également chargé de trouver des photographies en noir et blanc appropriées et collabora étroitement avec

Eisner, qui demanda à certains des invités du Camp Putnam de les laisser utiliser leurs photographies[34]. Outre Eisner elle-même, F. A. Wardenburg, André Scohy et Julian Apley fournirent des photos. Au final, dix-neuf photographies figurent dans le livre, dont treize sont des portraits de Mbuti ou des clichés de leurs activités, comme la construction de leurs habitations, la peinture de tissus d'écorce et un rituel de deuil. D'autres représentent Eisner et Herafu, le philosophe [Fig. 6], Patrick Putnam, et les bâtiments du Camp Putnam. Du point de vue actuel, les quelques portraits d'hommes Mbuti sont les plus intéressants – celui de Faizi, le chasseur d'éléphants et personnage principal du livre, Moké et son bébé, et le musicien Mukabasi jouant d'un piano à pouces. Le portrait sombre de Faizi par Julian Apley [Fig. 7] et la représentation tendre de Moké et de son bébé sont particulièrement évocateurs et rompent avec les conventions de la photographie ethnographique à des fins scientifiques. La plupart des autres images d'activités appartiennent à la catégorie des documents ethnographiques, axés sur l'habitus et la culture matérielle. De courtes légendes identifient chaque image. Comme les dessins, certaines des photographies sélectionnées traduisent la relation intime et très personnelle d'Eisner avec les Mbuti, même si elles ont été prises par ses visiteurs.

Ce n'est pas le cas des pages de garde et de la jaquette de la première édition américaine, qui renvoient à des stéréotypes visuels familiers ! Eisner n'a jamais vu la jaquette ou ces pages avec une carte du Congo, bien que la

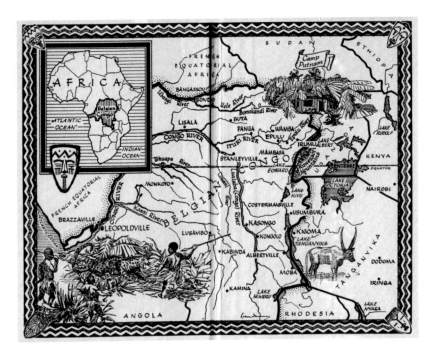

Fig. 8 Carte du Congo, pages de garde imprimées de *Madami* en 1954

carte apparaisse dans la correspondance entre Eisner et Stearns. La carte, que Stearns qualifie de « baroque », est un retour à une imagerie antérieure [Fig. 8][35]. Embellie par une bordure avec des masques dans chaque coin, elle présente un cartouche de Pygmées chassant un léopard accroupi, armés seulement de lances, faisant ainsi allusion au stéréotype des Pygmées comme excellents chasseurs. Le Camp Putnam, entouré de palmiers et de bananiers, occupe le coin supérieur droit de la carte.

L'image de la jaquette, qui a également servi d'affiche publicitaire pour le livre, montre Eisner peignant le portrait d'un Pygmée, qui se tient attentivement à sa gauche [Fig. 9][36]. Il porte un petit chapeau rond, un pagne blanc et tient une lance. Le chapeau est remarquable, car aucun des Pygmées figurant sur les photographies ou les dessins d'Eisner dans le livre ne porte de tels chapeaux, et une rapide étude des photographies du fonds de la Houghton Library a confirmé que ces chapeaux étaient rares à Camp Putnam. L'homme est, en fait, modelé sur les Pygmées de Schweinfurth et de Stanley [Fig. 2 et 3]. Un autre Pygmée tient un arc et une flèche, une icône pygmée mais associée aux Pygmées dans l'imagerie populaire, comme mentionné précédemment dans cet essai. Seul un dessin sans titre d'Eisner, représentant un homme tenant un bouclier et une lance, apparaît au début du chapitre douze de *Madami*[37].

Enfin, il y a Eisner elle-même, vêtue d'un chemisier blanc et d'un pantalon bleu. Elle est une figure de blancheur et de lumière au centre de

Fig. 9 Jaquette de *Madami*, 1954

la composition, et domine les Pygmées sombres. La composition et le jeu de couleurs du recto évoquent subtilement la supériorité de la race blanche et ont des connotations paternalistes (matriarcales), ce qui met en parallèle et renforce certains des récits stéréotypés du livre. La photographie de F. A. Wardenburg, légendée « Anne Putnam et Herafu » [Fig. 6], réapparaît au dos de la jaquette sous le titre « Anne Eisner Putnam et son ami pigmée », éliminant le nom d'Herafu. Le texte de la jaquette répète des tropes familiers. Il fait référence aux Pygmées comme étant « nus », une description qu'Eisner avait rejetée dans tous ses commentaires sur le manuscrit.

« Vous ne verrez jamais un Pygmée nu, JAMAIS JAMAIS JAMAIS, je vous donnerai mille dollars pour le premier que je verrai nu et qui ne sera pas un petit enfant[38]. »

Le mécontentement d'Eisner à l'égard du livre culmina avec son rejet catégorique de la jaquette, autre sujet de bataille sur la paternité et l'authenticité. Bien qu'elle ne mentionne pas l'image figurant au recto de la couverture, celle-ci faisait certainement partie intégrante de ses préoccupations. Elle avait reçu l'exemplaire préliminaire alors qu'elle se trouvait encore en Afrique. Elle écrit :

« Quant à la jaquette de *Madami*. Moins j'en dis, mieux c'est pour nous deux [...] JE NE COMPRENDS TOUJOURS PAS POURQUOI ON NE M'A JAMAIS ENVOYÉ CE LIVRE POUR LE RELIRE. Je ne suis pas malheureuse aujourd'hui, je suis juste inquiète à cause de tout ça. Sur la jaquette, malgré ce que j'ai écrit, je vois apparaître deux fois le mot "nu", ce qui, de tout point de vue, sauf celui de l'économie de moyen, semble être du plus mauvais goût. Et je ne vois aucune raison pour que je doive m'en charger. Quant aux clichés et aux gens qui les aiment, vous ajoutez que les gens s'intéressent à ma vie parce qu'elle n'est pas un cliché. Je ne comprends donc pas pourquoi la chose ne serait pas cohérente d'un bout à l'autre et on peut admettre que le livre n'a pas besoin d'avoir les clichés africains habituels comme l'Afrique ténébreuse, les jungles torrides[39]. »

Les différentes visions et attentes des coauteurs et de l'éditeur sont restées inconciliables. Finalement, le livre fut mis en vente dans les magasins en octobre 1954, sans la révision finale et les corrections d'Eisner, contenant ainsi des erreurs gênantes.

De retour à New York, Eisner entreprend une tournée des auteurs en décembre de la même année et est interviewée par la presse et la radio. Elle n'a pas, comme Stearns l'avait suggéré, amené un Pygmée avec elle[40]. Eisner s'était déjà opposée à cette idée avec sa franchise habituelle : « Pour ce qui est d'amener un Pygmée, C'EST HORS DE QUESTION, j'admets que je pourrais gagner des millions, mais ce serait une vie misérable pour moi et le Pygmée[41] ». Les ventes de *Madami* aux États-Unis furent respectables et la maison d'édition accorda les droits de traduction et de publication en français et plus tard en chinois, japonais, tchèque, espagnol, portugais, brésilien, suédois et hongrois. Au fil du temps, *Madami* et ses images de Pygmées disparurent lentement de la vue et de la conscience du public – et comme les livres de Delia Akeley, de Grace Flandrau et des Johnson, il devint démodé.

Conclusion

Même si *Madami* est tombé dans l'oubli, les histoires non conventionnelles d'Eisner sur la vie des Mbuti et des autres Africains qu'elle a rencontrés ont eu une influence durable sur les écrits anthropologiques. Le format de *Madami* – le développement de caractères distincts chez le protagoniste africain – a servi de modèle à *The Forest People* de Colin Turnbull, paru huit ans plus tard et devenu l'un des textes classiques de l'anthropologie. L'anthropologue formé à Oxford, qui eut des liens étroits avec Putnam et Eisner lors de son séjour au Camp Putnam, et avec qui Eisner partageait ses notes de terrain sur les légendes pygmées, était un écrivain éloquent et élégant[42]. Comme une éponge, il absorbait les idées, se servait sans vergogne dans la documentation d'Eisner et copiait son approche non conventionnelle. Son livre, qui connut un énorme succès, combinait des idées savantes, validées par son statut d'anthropologue qualifié, avec des récits sur des Mbuti individuels, qu'il avait rencontrés au Camp Putnam et ailleurs. Colin Turnbull a réussi là où Eisner semblait avoir échoué, car *The Forest People* – contrairement à *Madami* – représentait la voix et la vision de son seul auteur. Harry L. Shapiro, alors président et conservateur d'anthropologie physique au Museum of Natural History de New York, fit l'éloge du livre de Turnbull dans la préface de l'édition de 1968, l'une des nombreuses éditions qui suivirent sa première parution aux États-Unis par la Simon & Schuster Publishing Company en 1961.

> « L'une des raisons pour lesquelles *The Forest People* est un livre exceptionnel est que son auteur, Colin M. Turnbull, est un anthropologue qui connaît intimement les Pygmées pour avoir vécu des années parmi eux. Dans ce livre, il a heureusement choisi la voie inhabituelle d'écrire sur eux en tant qu'individus, en tant qu'amis, chacun ayant sa propre personnalité. Grâce à sa connaissance de leur culture et son adaptation aux conditions de la forêt tropicale africaine, il est en mesure de donner une autre dimension à leur vie que le visiteur occasionnel pourrait facilement manquer. Ainsi, le lecteur peut comprendre le sens de leur vie et apprécier l'exaltation de participer à une culture différente de la sienne[43]. »

Ce passage aurait pu être également écrit à propos des contributions d'Eisner dans son livre *Madami* et ses images pygmées.

En avril 1954 déjà, avant la parution de *Madami*, Eisner avait résumé ses sentiments ambivalents et sa déception quant à la réalisation de *Madami* dans une lettre à Paul Schebesta, alors le seul anthropologue qu'elle reconnaissait comme expert des Pygmées :

> « Le livre basé sur mes lettres hebdomadaires va bientôt sortir, mais ce n'est pas un livre qui nous intéresse, vous et moi, car mon collaborateur s'est beaucoup trop intéressé aux léopards mangeurs d'hommes et a laissé de côté le mariage des pigmées et toutes les choses qui m'intéressaient. Il semble plus intéressé par les animaux, ce qui est dommage. J'ai mené un combat perdu d'avance par courrier et j'insiste toujours pour qu'ils incluent au moins le mariage, sinon la circoncision, car j'ai beaucoup d'informations précieuses […] Mais à moins d'écrire soi-même ses livres, ce dont je suis incapable, on ne peut pas avoir tout ce qu'on veut[44]. »

Dans ses dessins et ses peintures, Eisner a obtenu ce qu'elle voulait. Elle a trouvé la liberté d'expression et sa voix très personnelle dans son art, qui – quasiment soixante-dix ans après la publication de *Madami*—nous permet de mieux comprendre les contributions d'Eisner en tant qu'observatrice et amie des Mbuti et des autres peuples africains qu'elle a rencontrés pendant son séjour au Camp Putnam, sur la rivière Epulu au Congo belge.

[1] Anne Eisner Putnam et Allan Keller, *Madami: My Eight Years of Adventure with the Congo Pigmies*, New York, Prentice Hall, 1954.

[2] Les termes Pygmée, Pygmées ou Pigmée et Pigmées, qui étaient en usage lorsque Eisner était au Congo et a écrit son livre, sont aujourd'hui considérés comme racistes et avilissants.

[3] Sur l'invention des Pygmées et l'origine du terme Pygmée, voir Serge Bahuchet, « L'invention des Pygmées », *Cahiers d'études africaines*, 1993, vol. 33, n° 129, pp. 153-181, en particulier p. 153 .

Voir également Stan Frankland, « The Bulimic Consumption of Pygmies: Regurgitating an Image of Otherness » (a), pp. 95-116, en particulier pp. 97-98, dans *The Framed World: Tourism, Tourists and Photography*, sous la direction de Mike Robinson et David Picard, Farnham, Surrey, Ashgate, 2009.

[4] Georg A. Schweinfurth, *The Heart of Africa. Three Years' Travels and Adventures in the Unexplored Regions of Central Africa from 1868 to 1871*, 2 vols, New York, Harper & Brothers, 1874, pp. 140-142, vol. 2.

[5] Charles Darwin, *L'Origine des espèces* (titre original: *On the Origin of Species*), texte intégral de la première édition de 1859 (traduit par Thierry Hoquet), Seuil, Paris, 2013.

Jan Nederveen Pieterse, « Apes Imagined: The Political Ecology of Animal Symbolism. », dans *Ape, Man, Apeman: Changing Views since 1600*, sous la direction de Raymond Corbey et Bert Theunissen, Leiden, Leiden University, 1995, pp. 341-350.

[6] Schweinfurth, *ibid.*, p. 144, vol. 2.

[7] Henry Morton Stanley, *In Darkest Africa; or the Quest, Rescue, and Retreat of Emin, Governor of Equatoria*, 2 vol., New York, Charles Scribner's Sons, 1890, p. 208, vol. 1; pp. 41 et 42, vol. 2.

[8] Henry Morton Stanley, *ibid.*, p. 101, vol. 2.

[9] Jeffrey P. Green, « A Revelation in Strange Humanity: Six Congo Pygmies in Britain, 1905-1907 », sous la direction de Bernth Lindfors, dans *Africans on Stage: Studies in Ethnological Show Business*, Bloomington, Indiana University Press, 1999; Frankland (a), The Framed World, p. 100.

[10] Pamela Newkirk, *Spectacle: The Astonishing Life of Ota Benga*, New York, Amistad, 2015. Voir également la contribution de Schildkrout dans ce volume sur le sort de sa dépouille.

[11] Henri Nicolaï, « Un guide colonial. Le Guide du Voyageur au Congo belge et au Ruanda-Urundi », 3 | 2012, mis en ligne le 18 mars 2013 (URL: https://journals.openedition.org/belgeo/7161?lang=nl). Evan Marshall Binkley, *Destination Congo: Sabena Airlines and the Visual Legacy of Congolese Tourism*, thèse de licence, University of Michigan, 2020.

[12] Stan Frankland (b), « Pygmic Tours », *African Study Monographs*, suppl. 26, mars 2001, pp. 237-256.

[13] Delia J. Akeley, *Jungle Portraits*, New York: Macmillan, 1930 (a); New York, Robert M. McBride & Company, seconde édition, 1933 (b). Les Akeley étaient également liés à l'American Museum of Natural History de New York, comme le mentionne Enid Schildkrout dans ce livre.

[14] Akeley (b), *ibid.*, p. 161.

[15] Akeley (b), *ibid.*, p. 184. Les premières pages du livre contiennent sa photographie de ces Pygmées, intitulée *Pygmées dans un village de Walese [Lese] dans la forêt sombre*.

[16] Akeley (b), *ibid.*, p. 226.

[17] Grace Flandrau, *Then I Saw the Congo*, New York, Harcourt, Brace and Company, 1929, p. 154.

[18] Elsie McCormick, « A Piece of Her Mind », *New York* World-Telegram, 1931.

[19] Martin Johnson, *Congorilla. Adventures with Pygmies and Gorillas in Africa*, New York, Harcourt, Brace and Company, 1931, p. 62. Voir aussi Kenneth M. Cameron, *Africa on Film. Beyond Black and White*, New York, Continuum, 1994, p. 52.

[20] Paul Schebesta, *Among Congo Pigmies*, London, Hutchinson & Co., 1933; Stan Frankland (b), *ibid.*, p. 239.

[21] Eisner Putnam et Keller, *ibid.*, p. 26.

[22] Eisner, note non datée, 1948-1950, Anne Eisner Putnam Papers, Houghton Library, Harvard University. Les notes et la correspondance d'Eisner avec sa famille, avec Keller, Stearns et d'autres personnes mentionnées dans cet essai seront désignées sous le nom de AEP papers. Pour plus de

lisibilité, certaines fautes d'orthographe ont été corrigées dans les citations de lettres et d'écrits personnels d'Eisner.

[23] Eisner à Stearns, 12 septembre 1952, AEP papers.

[24] En fait, elle ou la famille a payé Keller pour ses services. Eisner à Keller, 8 mai 1954, AEP papers.

[25] Christie McDonald, *The Life and Art of Anne Eisner. An American Artist between Cultures*, Milan, Officina Libraria, 2020, p. 126. Voir aussi l'essai de Christie McDonald dans ce livre.

[26] Keller à Eisner, 15 juin 1953, AEP papers.

[27] Eisner à Stearns, 12 mars [?], vers 1953, AEP papers.

[28] Eisner à Stearns, 17 mars 1954, AEP papers.

[29] Eisner Putnam et Keller, *ibid.*, p. 14.

[30] Eisner Putnam et Keller, *ibid.*, p. 40.

[31] Stearns à Eisner, 24 février 1954, AEP papers.

[32] *My home on the Epulu*, les corrections du manuscrit de *Madami* par Anne Eisner Putnam, pp. 10 et 16. AEP Papers

[33] Stearns à Eisner, 22 juin 1954, AEP papers.

[34] Stearns à Eisner, 28 avril 1953, AEP papers.

[35] Stearns à Eisner, 22 juin 1954, AEP papers.

[36] Stearns à Eisner, 22 juin 1954, AEP papers.

[37] Eisner et Keller, *ibid.*, p. 177.

[38] *My home on the Epulu*, *ibid.*, p. 21.

[39] Eisner à Stearns, 21 août 1954, AEP papers.

[40] Stearns à Eisner, 2 avril 1954, AEP papers.

[41] Eisner à Stearns, 11 avril 1954, AEP papers.

[42] Colin M. Turnbull, *The Forest People*, New York, Touchstone Books, 1968 (première publication en 1961, par Simon & Schuster).

[43] Turnbull, *ibid.*, p. 8.

[44] Eisner à Schebesta, 8 avril 1954, AEP papers.

Au-delà des images : entendre le monde africain d'Anne Eisner Putnam

Kay Kaufman Shelemay, université de Harvard

Ce n'est qu'en 1955 et 1956, après son départ d'Epulu en 1954, qu'Anne Eisner [Putnam] réalisa une série de peintures à sujet musical. Outre leur style et leur coloration inhabituels, la série de gouaches d'un musicien jouant de l'arc est la plus importante des représentations occasionnelles de la musique dans l'œuvre artistique d'Eisner[1].

L'engagement bref mais intense d'Eisner avec la matière musicale faisait partie de ce que Christie McDonald a décrit comme une « période de peinture explosivement productive » à New York, après son retour aux États-Unis (Christie McDonald, p. 35). Je me permets d'approfondir dans cet essai les images des arcs musicaux et d'accorder une brève attention à une série de peintures de femmes de la même période. Si les arcs musicaux sont les sujets les plus importants et les mieux formés parmi les sujets explicitement musicaux de cette période, il est clair, à la fois à partir de la collection de sculptures, de masques de danse et d'instruments de musique d'Eisner, mais aussi à partir de photographies[2] et de ses propres écrits (Eisner, 1960), qu'Anne Eisner était plus que superficiellement impliquée dans la culture expressive d'Epulu dans tous ses matériaux et modalités. Les preuves de l'engagement d'Eisner dans la musique, la danse et les pratiques rituelles ainsi que les mythologies qui donnent du pouvoir à ces pratiques suggèrent que nous pouvons envisager deux hypothèses. Premièrement, je souhaite explorer la possibilité que l'implication profonde d'Eisner dans les traditions Epulu et Mbuti l'ait conduite à peindre l'extraordinaire série d'arcs musicaux dans la période suivant la mort de Patrick Putnam. Deuxièmement, j'aimerais proposer que nous puissions considérer toutes les peintures de cette période, voire la plupart de ses représentations de la vie des Mbuti, comme allant au-delà des représentations visuelles, pour inclure également des phénomènes auditifs.

Fig. 1 *Cloth and Figure*, 1952 (Pl. 12, détail)

En guise d'introduction, permettez-moi de commencer à parcourir un chemin plutôt spéculatif à travers les peintures de la forêt tropicale d'Anne Eisner en commençant par les arcs musicaux.

Les arcs musicaux

Ce n'est peut-être pas une coïncidence si Anne Eisner peignit une série d'arcs musicaux au milieu des années 1950. Replaçons le contexte : en 1951, Colin Turnbull se rendit pour la première fois à Epulu pendant quatre mois, pour étudier la musique pygmée (Turnbull, 1965, p. 158). Lorsque Turnbull retourna à Epulu avec son cousin Francis Chapman et du matériel d'enregistrement en 1954[3], juste après la mort de Patrick Putnam, il nota qu'Eisner visitait fréquemment les différents camps forestiers des membres d'une bande de chasseurs Mbuti qui était souvent basée au Camp Putnam.

Il ne fait aucun doute que la forêt tropicale de l'Ituri et les camps Mbuti situés à proximité du Camp Putnam étaient bien connus d'Eisner. Elle a rappelé dans un article publié dans le *National Geographic* (1960) qu'un membre de la communauté Mbuti lui avait dit ce qui suit lors de sa dernière visite à Epulu :

« Maintenant que Bwana est mort… la forêt est entre vos mains. Nous vous la donnons. » (Eisner Putnam, 1960, p. 282.)

Si l'on peut considérer cette déclaration comme un passage stratégique du paternalisme au maternalisme, Eisner avait cherché à documenter la vie des Mbuti au cours de sa résidence à Epulu et était profondément préoccupée par le bien-être des habitants de la forêt. Son engagement dans la forêt était bien connu : Joan Mark a écrit que la plus grande contribution d'Anne au Camp Putnam était « sa découverte du monde spécial des Pygmées dans la forêt », où elle vécut pendant deux mois peu après son arrivée (1995, p. 160). Eisner a laissé ses propres descriptions de ces séjours dans la forêt, que je citerai ci-dessous.

L'arc musical comme sujet des peintures d'Eisner n'est donc pas du tout surprenant, étant donné sa relation étroite avec les Mbuti et son exposition à leur culture expressive. Alors qu'aucune des communautés Mbuti de la forêt équatoriale ne possédait beaucoup d'instruments de musique – beaucoup saisissaient l'occasion d'emprunter des tambours aux villageois bantous lorsqu'ils souhaitaient accompagner leurs danses (Turnbull, 1965, p. 212) – les Mbuti chasseurs de filets de la région d'Epulu avaient encore moins d'instruments que les communautés d'archers pygmées, en raison de leurs migrations plus fréquentes dans la forêt. (Les Pygmées de la région d'Epulu, bien que n'étant pas des archers experts, utilisaient des arcs et des flèches pour tuer les singes et les oiseaux, tout en utilisant des filets pour piéger le gros gibier.) En plus des arcs musicaux, les Mbuti de la région d'Epulu jouaient du *lukembi* (*sanza*), un petit idiophone avec des lamelles de métal que l'on pince. Occasionnellement, des individus jouaient de la flûte longitudinale. Parfois, les Mbuti utilisaient des instruments tels que des claquettes faites de bâtons pour maintenir un rythme, mais la plupart du temps, ils se contentaient des ressources humaines de base que sont les battements de mains et le martèlement des pieds.

L'arc musical avait très tôt attiré l'attention des visiteurs occidentaux sur le continent, peut-être en raison de la nouveauté que représentait l'utilisation d'un arc de chasse ordinaire comme instrument de musique[4]. Le son de l'instrument était également surprenant et obsédant pour les oreilles occidentales, en grande partie parce qu'un seul arc peut produire plus d'une hauteur de son, produisant simultanément une harmonique élevée, lorsqu'il est « arrêté » ou tapé en un ou plusieurs points avec un doigt, un petit bâton ou une flèche. Une mélodie entière d'harmoniques peut également être rendue audible au-dessus du ton fondamental grave lorsqu'une extrémité de l'arc est tenue dans la bouche du joueur, qui agit comme un résonateur. Dans le croquis d'Anne Eisner [Fig. 4], nous voyons comment l'arc de chasse est utilisé à des fins musicales. De temps en temps, selon Turnbull (1965, p. 235), les Mbuti fabriquaient un arc musical spécial de construction identique à leur arc de chasse, mais plus grand et avec une section de vigne plus longue pour la corde.

Les gouaches d'Eisner représentant l'arc musical, avec une extrémité fixée par un pied au premier plan et l'autre extrémité dans la bouche du joueur, sont réalistes dans leur représentation de la posture du joueur d'arc, malgré leurs qualités presque surréalistes [Pl. 12, 13, 14]. Bien que l'intérêt d'Eisner pour les arcs ait pu être annoncé par une lithographie et une peinture précoces, toutes deux intitulées *Archery Club* [Fig. 2 et 3 p. 165], l'importance de l'arc musical en tant que symbole puissant de la forêt tropicale et de ses habitants est soulignée par la production par Eisner de neuf gouaches incorporant l'instrument. Ces images représentent un changement technique marqué par rapport aux travaux précédents d'Eisner, présentant une série de figures allongées jouant de l'arc musical. Dans ces œuvres sur papier, le dos du musicien est proche ou au ras de la marge de gauche, la courbe de l'arc étant tenue par la main droite et pincée par la gauche, en équilibre le long de la jambe droite étendue du joueur. Les gouaches sont toujours audacieuses dans leur coloration, avec des fonds bleus ou gris profonds servant de toile de fond à un musicien africain portant un pagne aux couleurs vives [Pl. 13, 14, 15].

Ces images, presque surréalistes dans leur traitement de l'échelle et des proportions, représentent en même temps une posture commune pour jouer de l'instrument, ancrée à son extrémité inférieure par le pied droit, avec l'extrémité supérieure tenue dans la bouche du joueur, qui sert de résonateur pour le son. Les gouaches intègrent également des habitations de la forêt tropicale en arrière-plan, encadrées dans un cas par le contour de l'arc. Les enregistrements de Colin Turnbull nous permettent de retrouver le son d'un arc musical qu'Anne Eisner avait entendu[5]. La suggestion de l'arc faite par Eisner, avec l'instrument de musique au premier plan et des images plus petites suspendues à l'arrière-plan, peut en fait chercher à refléter le son biphonique produit par l'instrument.

Étant donné la présence fréquente d'Eisner à diverses occasions sociales, tant dans les villages locaux que dans les camps forestiers[6], ainsi que sa propre collection d'instruments de musique, il est clair qu'elle peignit l'arc en le connaissant bien. Dans une lettre adressée à sa famille le 11 novembre 1953, Eisner écrivit :

> « L'avant-dernière nuit, je me suis couchée tôt. Mosomongo avait fabriqué un énorme instrument ressemblant à un arc [Fig. 4]. Il tient la corde dans sa bouche, tient l'arc d'une main et l'autre extrémité avec son orteil et frappe la corde avec un petit bâton. Cela produit un son de harpe juive mais plus fort. Je vais en faire un bon croquis et l'envoyer à Monroe[7]. »

Des questions passionnantes se posent quant aux raisons possibles de l'inclusion importante d'arcs musicaux après la mort de Patrick et son retour à New York. Pour répondre à ces questions, il faut faire un double acte de foi : chercher à relier l'arc musical à la tradition orale Mbuti et confirmer qu'Eisner était consciente de ce lien. Je commencerai par l'implication d'Eisner dans les traditions orales Mbuti.

Au début des années 1950, Eisner recueillit quelque deux cents contes ou mythes[8] auprès de quatre collecteurs de filets Epulu. L'un de ces contes, résumé et publié par Turnbull, relie la mort du chant dans la culture

Mbuti à l'abattage d'un oiseau. La chasse aux oiseaux était un acte pour lequel l'arc et les flèches étaient généralement utilisés dans la forêt tropicale[9]. Le conte est le suivant :

> « Un jour, un enfant pygmée entendit cette Belle Chanson et chercha l'Oiseau qui pouvait chanter si merveilleusement. Il le trouva et loua son Chant. L'oiseau descendit et se percha sur la tête du garçon, qui le ramena au camp des Pygmées. Son père vit l'Oiseau et lui fit des louanges. Quand il chanta, il dit au garçon de lui donner à manger. Alors l'Oiseau s'envola. Le jour suivant, le garçon entendit la Chanson et chercha jusqu'à ce qu'il retrouve l'Oiseau. Une fois encore, il le ramena au camp. Cela se produit trois fois, et la dernière fois, le père prend l'Oiseau au garçon et dit : "Maintenant, tu t'en vas et tu me quittes. Quitte ce camp et va dans un autre ; va ! va !" Le jeune Pygmée quitta son père et alla dans un autre camp. Quand il fut seul, le père prit l'Oiseau, l'Oiseau qui chantait la plus Belle Chanson que la Grande Forêt ait jamais entendue, et il tua l'Oiseau. Et il tua la Chanson. Et à peine avait-il tué l'Oiseau qu'il tomba lui-même mort, complètement mort, mort pour toujours. Basi. » (Turnbull, 1965, p. 267.)

L'association entre les oiseaux, le chant et la mort est assez provocante et on ne peut que spéculer sur la question de savoir s'il y a un lien explicite entre l'arc musical et la mort de l'oiseau dans le mythe. Turnbull note que l'arc musical est couramment utilisé pour accompagner le « récit » de telles légendes (Turnbull, 1965, légende de la planche 37) et Anne Eisner a peut-être entendu le mythe raconté dans ce contexte. Le fait qu'elle s'intéressait particulièrement au chant des oiseaux est clairement établi par Joan Mark qui, dans *The King of the World in the Land of the Pygmies*, mentionne qu'Eisner organisa un groupe spécial de chanteurs qu'elle appelait « Ndege » (« oiseaux ») :

> « Ils imitaient les cris de divers oiseaux de la forêt, puis faisaient un pot-pourri de perroquets, de calaos et de mangeurs de plantain en plein cri. Ils terminaient en imitant des animaux, un petit garçon grimpant à un arbre comme un chimpanzé, faisant des bruits de chimpanzé, et montrant comment un chimpanzé construit un nid dans un arbre. » (Mark, p. 160.)

Il n'est pas possible de savoir si les arcs musicaux Mbuti avaient eux-mêmes, au milieu du XXe siècle, une signification liée à la mort; rien dans les écrits de Turnbull, ni dans la littérature savante d'autres régions, n'indique l'existence de cette association. Le matériau et la forme de l'arc suggèrent un lien avec les traditions orales Mbuti sur la mort, plus particulièrement celles qui relient les arbres morts et les arcs-en-ciel au *molimo*, un animal aquatique mythique qui, selon le peuple Mbuti, cause la mort[10]. La préoccupation d'Eisner pour les images de l'arc musical dans cette extraordinaire séquence de gouaches au cours des deux années qui suivirent la mort de son mari témoigne de son lien personnel avec la mythologie Mbuti. Le fait qu'elle était consciente des associations magiques des arcs et de leurs flèches est confirmé par un passage de son journal:

> « Pendant que je dînais, Mos et Nekiabu ont apporté deux flèches en bois qui étaient rouges. Quand j'ai demandé ce que c'était, ils ont dit "Baloze…". J'ai demandé ce qu'ils allaient en faire, les attacher en hauteur, bien qu'il y ait probablement beaucoup de magie différente en train de se produire. Je ne l'ai pas vu, et ce n'est pas faute d'avoir essayé[11]. » (AEP Papers, 1953, p. 46.)

Il semble très probable que les perspectives Mbuti sur l'arc musical aient, d'une certaine manière, influencé l'engagement documenté d'Eisner avec l'instrument à une période difficile de sa vie. Elle mentionne dans sa correspondance avoir entendu et vu l'instrument joué dans le cadre d'une danse cérémoniale (Alima) exécutée par des jeunes filles[12]. Il est certain que les gouaches d'Eisner évoquent le son de l'arc musical pour tout auditeur averti.

C'est à ce stade que nous arrivons à ma deuxième hypothèse, à savoir la manière dont il semble probable que d'autres peintures d'Eisner reflètent des situations dans lesquelles la musique était fréquemment jouée et qu'elles comportent leur propre gamme d'associations musicales implicites.

De nombreuses peintures tardives présentent des images de femmes, qu'elles travaillent ou s'occupent des enfants. Si les hommes étaient les chasseurs chez les Mbuti de la forêt d'Ituri, les femmes étaient les cueilleuses et chargées d'élever les enfants. Entre 1951 et 1954, Eisner s'est occupée de trois enfants orphelins Mbuti (cf. essai McDonald, p. 15). Déjà engagées dans les activités des femmes (comme l'illustrent les dessins de sa série *Madami*, Fig. 2), les peintures tardives comprennent davantage de scènes

Fig. 2 Sans titre, *circa* 1950, encre sur papier, série Madami, collection Houghton Library, Harvard University, Cambridge, États-Unis

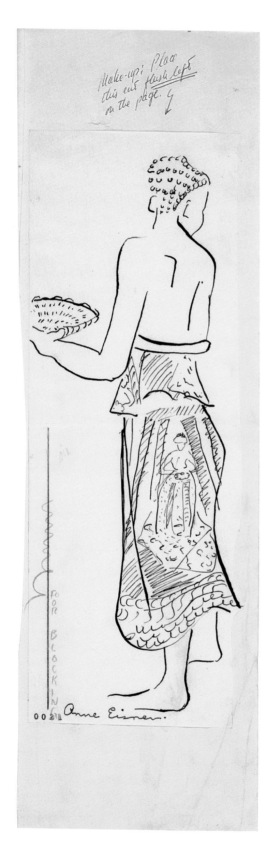

de femmes travaillant, ainsi que des images de mères et d'enfants. Toutes ces activités sont étroitement liées à l'activité musicale dans la vie des Mbuti.

Pour comprendre la vie musicale des Mbuti associée à ces autres tableaux d'Eisner, nous ne pouvons pas nous tourner vers les enregistrements réalisés par Turnbull et Chapman. Nous devons plutôt avancer dans le temps jusqu'au travail d'une autre femme, l'ethnomusicologue Michelle Kisliuk, qui mena des recherches parmi les peuples BaAka, dans la forêt tropicale africaine au nord et à l'ouest de la région de l'Ituri. Alors que les seuls exemples de musique féminine que Turnbull inclut dans ses deux premiers albums étaient des chansons du rituel Mbuti Alima, Kisliuk se concentra sur la musique de danse et incorpora un certain nombre de chansons de travail, ainsi que le répertoire musical des femmes et des enfants[13].

Bien que Kisliuk n'ait pas recueilli de traditions orales sur l'arc musical, ni fait d'enregistrements de celui-ci, ses deux disques compacts démontrent l'omniprésence de la musique dans la vie quotidienne de la forêt tropicale. Anne Eisner décrivit des scènes similaires de femmes effectuant des tâches domestiques dans ses journaux, et mentionne occasionnellement l'interprétation de la musique dans le cadre de ces moments. Les enregistrements ethnomusicologiques de Kisliuk suggèrent que les peintures d'Eisner ne représentent pas des tableaux muets. Par exemple, si l'on considère l'enregistrement de Kisliuk d'une femme qui chante en pilant du *koko* dans un mortier, tout en entraînant des petits enfants dans des chansons (CD 2, piste 2.5), on peut voir différemment les peintures d'Eisner de *Two Women Working* [Pl. 19] et de *The Women* [Pl. 20], qui dépeignent toutes deux des circonstances généralement accompagnées de chansons. La description qu'Eisner fait d'une scène de cuisine a également une résonance particulière :

> « La mère de la jeune Andoho est assise sur une chaise et pilonne du riz. La vieille, vieille femme est assise par terre et fouille dans un panier, je ne peux pas voir ce qu'elle fait, mais elle porte une grande bande de raphia sous la poitrine comme elle le fait toujours[14]... »

Eisner a décrit une scène musicale domestique dans son journal :

> « Boloko... mange une pomme de terre près du feu. Un Pygmée joue du lukembi et un bébé pleure[15]... »

Avec les scènes de cuisine d'Eisner à l'esprit, nous pouvons visualiser un enregistrement de Kisliuk (pistes 1-13) capturant le chant d'une femme qui lave des pots tout en chantant à l'un de ses bébés jumeaux. La femme improvise une chanson en intégrant le mot « dibele », qui signifie lait maternel, dans son texte.

Au-delà de l'engagement d'Eisner dans la vie quotidienne des Mbuti, en peignant des scènes d'activités quotidiennes souvent associées à la pratique de la musique, ses représentations artistiques étaient, au niveau de la composition, profondément influencées par la forêt tropicale et son univers sonore. Le son du chant choral Mbuti est devenu l'une des musiques africaines les plus célèbres, en partie grâce à la publication et à la large diffusion des enregistrements réalisés par Turnbull et Chapman à Epulu. La musique vocale Mbuti en particulier se caractérise par une polyphonie intense et des timbres de fausset. Qu'il s'agisse de travailler, de marcher dans la forêt ou de célébrer des rituels, la vie des Mbuti était souvent accompagnée de ces sons.

Le tableau d'Eisner de 1948 représentant le *Pygmy Camp* [Pl. 6] semble capturer la nature polyvalente et interactive de la musique Mbuti, les mêmes sons que l'on peut entendre sur les enregistrements de Turnbull et Chapman réalisés quelques années plus tard. Par exemple, nous entendons les sons d'un chant de collecte de miel qu'Eisner a entendu interpréter de nombreuses fois dans la forêt tropicale. Le tableau d'Eisner de 1948, avec sa profusion de petits groupes de Mbuti menant des activités différentes mais complémentaires, est une traduction visuelle de la texture musicale polyphonique, dans laquelle chaque voix ajoute un son de plus à une texture complexe et aux nuances multiples.

Nous pouvons donc dire qu'en peignant la vie des Mbuti et leur environnement naturel, Anne Eisner capture subtilement et simultanément leurs sons. Il n'est pas nécessaire d'être synesthète pour « lire » les peintures d'Eisner comme des images à la fois visuelles et sonores. La forêt tropicale était aussi son atelier. Le fait qu'elle offrait une stimulation visuelle et auditive est confirmé par une photographie prise par Colin Turnbull d'Anne Eisner peignant dans la forêt tropicale lors de sa dernière visite à Epulu en 1958 [Fig. 9].

Dans son ethnographie de la vie et de la culture Mbuti[16], Turnbull écrit qu'il utilise les notes inédites de Patrick et Anne Putnam (Turnbull, 1965, p. 146), qu'il a consultées après la mort de Patrick en 1954 (*Ibid.*, p. 157). Il mentionne en particulier les « … précieuses notes d'Anne concernant les activités de l'association religieuse des femmes, l'initiation des garçons pygmées, les coutumes et cérémonies de mariage, et certaines activités de l'association religieuse des hommes. En outre, elle a traduit et noté quelque 200 légendes telles qu'elles lui ont été racontées par quatre membres du groupe de chasseurs ». (*Ibid.*, p. 157.)

Turnbull loue les descriptions détaillées et précises d'Anne, en fournissant un exemple tiré de son journal de 1954 :

> « Par exemple, lorsqu'elle entend le cor du *molimo* la nuit, elle écrit : "Là où l'Esamba se promenait, là se trouvait la mort. Sa voix sinistre et basse était la voix du mal." En fait, ceci, en plus d'être une déclaration de sa propre interprétation du *molimo*, est également une image précise de l'interprétation des villageois. Il est également significatif qu'elle utilise des termes spécifiquement villageois, tels que « Esamba » (pour le *lusumba* ou *esumba*, plus corrects). Vivant comme elle le fit parmi les villageois et les Pygmées, Mme Putnam fut influencée par nombre de leurs idées et a souvent utilisé les villageois comme informateurs, bien qu'elle précise toujours quand c'est le cas. Nous devons donc supposer que certains des "faits" qu'elle observe, elle les présente comme le feraient les villageois locaux. » (Turnbull, 1965, pp. 157-158.)

Alors que Turnbull a tendance à rejeter (ou à effacer) les mentions où il reconnaîtrait le travail d'Anne Eisner, en partie parce qu'elle utilisait des villageois comme informateurs et n'était pas une ethnographe ayant reçu une formation académique, les propres enregistrements de Turnbull comprennent une interprétation d'un arc musical (piste 15 sur le disque compact réédité par Michelle Kisliuk) jouée par un village Bandalea, et non par un Pygmée.

Les peintures d'Anne Eisner témoignent de son lien profond avec les populations locales et leur mode de vie. C'est grâce à Eisner que nous connaissons un tant soit peu la vie des femmes et des enfants Mbuti, ainsi que leurs pratiques rituelles. Les peintures d'Anne Eisner suggèrent qu'elle perçut le peuple Mbuti et ses maisons dans la forêt avec tous ses sens. Et ses propres mots témoignent de la puissance de la musique Mbuti, tant dans son art que dans son expérience personnelle :

> « Je suis partie faire des croquis... Quand je suis revenue, les Pygmées avaient commencé une grande fête de danse et de chant, car ils avaient décidé d'aller chasser l'éléphant le lendemain. Cette nuit-là, les danses et les chants des Pygmées étaient merveilleux... »
> (Eisner Putnam, 1960, p. 94.)

[1] Parmi les dessins d'Anne Eisner de la période intermédiaire figurent des représentations de danseurs africains et de batteurs africains, ainsi qu'un dessin d'un Mbuti avec un arc musical. Christie McDonald, Inventaire, Anne Eisner (Putnam) Papers, Houghton Library, 25 mai 2002, pp. 5-6.

[2] La collection comprend des photographies de danse, notamment devant un abri à Epulu (Patrick Putnam's Papers, Houghton Library).

[3] Les deux hommes quittèrent l'Angleterre pour se rendre à Epulu en passant par Marseille, où ils prirent un ferry pour Alger. Selon Francis Chapman (entretien téléphonique, 29 août 2002), ils avaient un contrat avec la CBC pour enregistrer des histoires le long de la route, en conduisant un camion à travers le Sahara qui « était destiné à livrer du lait au presbytère ». L'équipement d'enregistrement était vieux, et lorsqu'ils enregistrèrent des chants Mbuti, les batteries qui alimentaient l'enregistrement explosèrent lors du rechargement. Ils avaient heureusement emporté un générateur, mais il faisait beaucoup de bruit. Ils enterrèrent le générateur dans un terrier d'oryctéropes, à quelques mètres du lieu d'enregistrement, le reliant à l'enregistreur par des câbles trouvés au Camp Putnam, afin que le bruit ne soit pas audible sur les enregistrements.

[4] L'arc musical est largement répandu en Afrique, dans les Amériques, en Océanie et, dans le passé, en Europe. La question de savoir si l'arc de l'archet a donné naissance à l'instrument de musique, ou vice-versa, est source de débats, puisque l'instrument se retrouve dans des sociétés où il n'est pas utilisé pour la chasse (Rycroft, 1984, 719).

[5] Turnbull publia ses enregistrements (avec son cousin Francis Chapman comme co-enregistreur) sur deux albums initialement publiés sous les noms de *Folkways FE 4457*, en 1957 et *Folkways FE 4483*, en 1958. Ces deux enregistrements furent édités par l'ethnomusicologue Michelle Kisliuk, remasterisés et publiés sous le nom de *Smithsonian Folkways SF CD 40401*, en 1992. L'arc musical peut être entendu sur la piste 15.

[6] Les peuples Bira et Mbuti vivaient tous deux dans les environs du Camp Putnam et interagissaient étroitement. Étant donné leur partage de la culture matérielle et expressive, mentionné dans l'abondante correspondance d'Eisner et clairement documenté dans les séquences filmées par Colin Turnbull, l'exécution de la musique de l'arc doit avoir été assez courante.

[7] Je remercie Christie McDonald d'avoir

attiré mon attention sur ce passage de la correspondance d'Eisner.

[8] Ces récits sont qualifiés de « légendes » (Turnbull, 1965, p. 233). Les transcriptions originales font partie des Anne Eisner Putnam Papers ; les versions ultérieures se trouvent dans la collection Joseph Towles du Avery Research Center, au Collège de Charleston.

[9] Dans une réimpression de la photographie du chasseur Mbuti avec arc, illustrée ci-dessus, dans son livre *The Forest People* (1961), Turnbull ajoute la légende : « Masisi chasse des oiseaux et des singes. » (Illustration 4, entre les pages 64 et 65).

[10] Le *molimo* est à la fois le nom du rituel pratiqué en période de grande crise, constitué principalement de chants chantés uniquement par des hommes, et le nom donné à une longue trompette en bois, qui occupe une place importante dans ce rituel.

[11] Cette observation démontre l'intérêt d'Eisner pour un domaine de la vie des Mbuti que Colin Turnbull dénigre, suggérant dans ses propres écrits que les Mbuti sont « un peuple qui n'a pas de corpus standard de croyance et de pratique magiques ». (Turnbull, 1959, p. 59)

[12] Eisner, correspondance à la famille, 11 novembre 1953, AEP Papers.

[13] Kisliuk commença ses recherches au milieu des années 1980 dans la forêt tropicale de la République centrafricaine. Sa monographie, *Seize the Dance! BaAka Musical Life and the Ethnography of Performance*, fut publiée avec deux CD d'accompagnement en 1998, par Oxford University Press. Je remercie Michelle Kisliuk pour avoir gracieusement partagé informations et conseils.

[14] Eisner, 1953, Cahier III, p. 83, AEP Papers.

[15] Eisner, 1953, Livre III, p. 58, AEP Papers.

[16] La thèse de Turnbull fut initialement préparée et soumise à l'Institut d'anthropologie sociale de l'université d'Oxford en 1956. Elle fut ensuite publiée en 1965, en tant que volume 50 des *Anthropological Papers of the American Museum of Natural History*.

Commentaire sur l'art d'Anne Eisner

Louis Finkelstein et Joan McD Miller

« Lecture à vue » de l'œuvre d'Anne Eisner
Louis Finkelstein

En 1992, Louis Finkelstein, artiste contemporain et ami d'Anne Eisner, rendit visite à Christie McDonald dans sa maison du Vermont, où il « lut à vue » ses réactions aux œuvres existantes d'Anne Eisner, sur un magnétophone et pendant un jour et demi ; les heures de commentaires furent ensuite transcrites. Finkelstein et Eisner se connaissaient de New York et des étés qu'ils passaient dans les années 1960 à Cranberry Island, où Finkelstein était résident d'été. Louis Finkelstein (1923-2000) était un peintre, un enseignant et un écrivain ; il a enseigné au Queens College et à l'université de Yale.

Au cours de cet entretien, Finkelstein donna tout un « séminaire » sur les modèles artistiques auxquels Anne Eisner aurait pu s'intéresser en regardant ses premières œuvres. Il voyait dans l'œuvre d'Anne Eisner deux directions qui n'avaient pas tant à voir avec la chronologie qu'avec un choix tiré d'une boîte à outils variant selon les moments : l'une allant vers des scènes de site dans lesquelles l'artiste cherche à se documenter ; l'autre dans laquelle l'artiste synthétise et reconstruit une figure ou une scène de mémoire. Et il suggère que ses modèles pour cela étaient à la fois européens et américains. Les commentaires qui suivent s'inscrivent dans ces deux catégories distinctes et correspondent aux périodes précoce et tardive de la peintre, même si les deux tendances se retrouvent dans l'ensemble de son œuvre.

Extraits de l'entretien de 1992 sur des œuvres d'art spécifiques :

Louis Finkelstein : *Washington Square* [Pl. 2] a gagné le prix Marcia Brady Tucker, décerné par la National Association of Women Artists en 1941. Ce qui est intéressant dans cette peinture, c'est qu'elle est très soignée et

Fig. 1 *Ituri Forest IX*, 1960 (Pl. 30, détail)

soutenue ; elle a dû être réalisée sur une longue période, ne serait-ce que pour la quantité extrême de détails et l'articulation de ces détails. Elle reflète… les préoccupations… d'être produite par l'observation de groupes distincts de figures et d'additifs caractéristiques : certains costumes, certains types de personnes, qu'il s'agisse d'enfants ou de personnes âgées, ou d'adultes faisant quelque chose avec des enfants ; tous ces petits épisodes sont cousus ensemble dans ce tableau, plus le contexte de quelque chose qui ressemble à Washington Square. Comme dans la tradition de Breughel, et même dans certaines des premières œuvres de Breughel, c'est une vue d'en haut… qui est représentée et donne ainsi une sorte de carte, une vue à vol d'oiseau de l'ensemble, de sorte que la forme du parc de Washington Square est identifiable davantage sur la base de ses composants et d'une sorte d'agencement schématique que [du fait] de sa ressemblance physique réelle avec Washington Square ; ce sont des prémisses stylistiques à partir desquelles elle travaille, et leur utilité est qu'elle laisse de côté une analyse rigoureuse de la forme perçue au profit d'informations anecdotiques très intéressantes et de la caractérisation de tous ces individus et de la capacité d'identification dans ce contexte. C'est aussi… d'une couleur très délicate et sémillante ; il y a une belle gamme de couleurs vives, de couleurs d'intensité moyenne et de gris froids et chauds, ce qui donne à cette image particulière… une atmosphère, une sensation d'air…, et je pense qu'elle l'a abordée… avec un certain talent et de manière très studieuse. Une partie de son travail réside dans l'intérêt inhérent du sujet, mais aussi dans la ténacité et le dévouement avec lesquels il est peint.

Le même sentiment se dégage de *Pygmy Camp* (1948), qui devient alors un point d'ancrage sur lequel on pourrait regarder l'accrochage ou la sociabilité de toutes les peintures de ce que l'on pourrait appeler la partie descriptive ou documentaire de son travail, et bien sûr, c'est beaucoup trop détaillé pour être lu en une seule fois… Elle essaie d'obtenir une vue d'ensemble de la vie des Pygmées, tout comme Breughel s'est impliqué dans une vue d'ensemble de certaines activités néerlandaises contemporaines, bien qu'elles soient composées selon un autre ensemble de concepts.

Forest and Figures [Pl. 7¹], signé « Epulu 1948 », est particulièrement riche dans sa capacité à disposer les figures de manière convaincante. C'est-à-dire de manière très réaliste dans un espace tridimensionnel. Vous pouvez voir comment les figures forment un groupe circulaire très lisible et vous pouvez lire la profondeur de ce cercle dans l'espace. En histoire de l'art, le précédent est la célèbre fresque de Masaccio à Florence, intitulée *Le Paiement du tribut*, où le Christ est entouré des apôtres et où, pour indiquer

Fig. 2 *Archery Club*,
circa 1936, lithographie,
38 × 40,6 cm,
collection privée

Fig. 3 *Archery Club*,
circa 1936, huile sur
toile, 58,4 × 50,8 cm,
collection privée

la présence physique du Christ, les personnages sont très soigneusement disposés en cercle et vous pouvez lire leurs volumes par le modelage où ils se chevauchent, la façon dont ils se tournent dans différentes directions et la façon dont la lumière tombe sur eux. Et tout cela se produit ici. Je ne dis pas qu'elle l'a fait d'après Masaccio, mais c'est le même élan pour donner un caractère véridique à la représentation qui est très bien ressenti ici et il y a une très belle sensation de la façon dont la lumière tombe sur tous les objets, y compris le traitement très complexe de l'arrière-plan avec des masses de feuillage clairement indiquées, très diverses et exécutées avec fluidité. Je pense qu'une personne compétente en botanique pourrait identifier les différentes plantes présentes : [...] le tronc scintillant d'un grand arbre, tout simplement magnifiquement peint, les deux arbres à gauche et à droite. Un [tableau] magnifiquement observé et peint avec beaucoup d'amour et d'habileté. C'est donc un tableau d'une grande fluidité picturale, même si ce n'est pas dans le style qu'Anne Eisner a fini par atteindre, mais c'est une grande performance, rien que par son professionnalisme et son contrôle de tous les éléments picturaux. Une peinture très professionnelle.

Ituri Forest IX (1960) [Pl. 30] est une peinture très problématique, tant du point de vue de son enchaînement que du type d'exécution. Il s'agit d'un traitement plutôt abstrait d'éléments forestiers dominé par des lignes d'éclaboussures de peinture très fougueuses qui constituent d'abord les troncs d'arbres, puis la texture de l'écorce des arbres, et enfin le feuillage qui entre et sort de l'arbre. Il s'agit donc clairement d'une tentative de synthèse, par le biais des techniques de l'expressionnisme abstrait, d'un souvenir de la forêt, plutôt que d'une représentation d'une forme d'art. Toutes les formes sont très proches de la surface ici. Il y a un peu d'espace juste grâce au chevauchement de la peinture et au fait que les troncs d'arbres sont des formes dominantes, et la peinture en général semble créer une sorte de transparence de l'atmosphère, mais avec tout cela l'espace est néanmoins très peu profond et ensuite animé par le geste global, très probablement... pour refaire un Jackson Pollock selon la nature ou les souvenirs de la nature.

Entrance to Camp Putnam (vers 1960) [Pl. 31] est très vraisemblablement une peinture rétrospective, une sorte d'impression du passé. Elle me semble très bien organisée en termes de marques distinctes, alors que le tableau précédent, *Ituri Forest*, présente un traitement plus général des formes. Les marques près ou dans l'entrée du Camp Putnam semblent très spécifiques. Elles sont calligraphiées dans l'intention de rendre des brins d'herbe spécifiques, des détails spécifiques du feuillage, une texture spécifique de l'écorce d'un tronc d'arbre dominant et ensuite, à l'arrière-plan, des ramifications spécifiques d'arbres. Une partie de cette calligraphie rappelle la saveur d'un Raoul Dufy plutôt que la décoration de surface ou la compression de la surface d'un Pollock, et en effet, la forte forme jaune qui apparaît au premier plan à droite crée une perspective spatiale qui mène à la profondeur, ce qui est en accord avec le titre, le thème et l'entrée. Il s'agit donc d'une sorte d'équivoque entre les marques de surface dérivées de ou liées à l'expressionnisme abstrait et le désir de documenter, qui vous conduit dans l'espace du Camp Putnam. Je trouve que c'est une image très personnelle, très vivante et distinctive, et elle est si bien articulée ici… Je pense que *Ituri Forest* et *Entrance to Camp Putnam* sont toutes deux des peintures très distinctives et importantes dans le contexte global de l'œuvre d'Eisner.

Abstract Trees IV (vers 1956) [Pl. 32] est une scène de forêt réalisée [à Cranberry Island, dans le Maine] avec de la gouache diluée qui s'opacifie progressivement, mais sans aucun blanc fort sur le dessus. Cette scène semble très unifiée par les bandes de couleur qui se fixent sur la surface plane, de sorte que nous voyons des troncs d'arbres vert foncé qui vont du haut vers le bas, presque uniformément. Par conséquent, ils arrivent directement à la surface de l'image, au premier plan, puis entre eux, nous voyons des espaces restants avec des détails plus en retrait : des rochers, du feuillage, de la lumière traversant les arbres. Il y a plusieurs types d'influence ici. Certaines rappellent Mark Rothko, dans ce cas, et bien sûr aussi Bill [William] Kienbusch, deux artistes qu'elle connaissait à cette époque. J'ai l'impression qu'elle a particulièrement bien réussi à atteindre une unité d'expression ; en fait, toutes les œuvres [de cette dernière séquence] sont plutôt audacieuses, libres, animées et spontanées. Celle-ci, qu'elle ait été psychologiquement plus réfléchie…, est plus fermée, plus aboutie ; toutes les formes se parlent d'une manière unifiée, au même niveau de réalité dans l'abstraction. Je pense que c'est une très belle pièce. Esthétiquement, à cet égard, elle marque une conclusion différente de certaines de ses autres œuvres. Elle semble plus conditionnée par sa fin, là où d'autres choses sont plus conditionnées par leur début.

---

[1] Finkelstein a commenté deux œuvres très proches par leur contenu, *Forest and Figures* [Pl. 7 ici] et *African Village with Figures II*, (Pl. 7 dans *Images of Congo*, 2005, [P0049]).

Anne Eisner : notes du point de vue d'une peintre

Joan McD Miller

> *En 2002, Joan McD Miller présenta des diapositives de la peinture d'Anne Eisner lors d'un atelier d'une journée sur « l'art d'Anne Eisner en Afrique », et elle se concentra sur la manière dont les peintres adaptent leur regard à ce qui les entoure. Dans ce qui suit, Miller décrit ce qu'elle voit dans un certain nombre de peintures d'Anne Eisner.*

Joan McD Miller : Le tableau *Washington Square* [Pl. 2] est un exemple accompli de son sens de l'observation. Un autobus traverse l'arche pour entrer dans le parc, où de nombreuses personnes, dont des enfants qui jouent, vaquent à leurs occupations. Elle utilise une large gamme de couleurs froides et chaudes. D'autres œuvres représentent les bâtiments et les toits de la ville ; l'artiste accepte ce que l'on peut voir par la fenêtre et le compose ensuite de manière réfléchie. Les diagonales définissent souvent l'espace au sein d'une composition qui va jusqu'aux bords de la toile. Anne Eisner a voyagé dans des îles et des petites villes et a continué à intégrer ce qu'elle voyait comme sujets pour ses peintures. Elle a peint de nombreux paysages et rues de villes dans la tradition du premier plan, du milieu et de l'arrière-plan pour définir la réalité de l'espace. Elle a peint un certain nombre de scènes insulaires de Monhegan et de Martha's Vineyard, où elle passait ses étés. Un portrait de Patrick Lowell Putnam en 1945 [Pl. 1], juste avant qu'elle ne parte avec lui vivre au Congo belge, s'affirme par l'attention qu'il porte aux traits de son visage et à sa posture. On sent une certaine tendresse pour le sujet.

Christie McDonald : Une fois arrivée à Camp Putnam, où se situe Anne Eisner dans sa peinture ?

Joan McD Miller : Les premières peintures d'Anne Eisner après son arrivée au Camp Putnam sont documentaires dans leur observation : elle cherche la scène de la forêt, du village et des gens. Les peintures explorent son nouvel environnement, dans une tentative claire de connaître et de comprendre ce qu'elle voit. Dans certains tableaux, elle s'intéresse aux détails des maisons et de la forêt qui se trouve derrière, comme dans plusieurs des scènes de village [Pl. 6, Pl. 11]. Dans d'autres, elle concentre une attention particulière sur les activités des habitants d'un camp. Dans *Pygmy Camp* (1948) [Pl. 5], une vue d'ensemble du lieu avec le jeu de la lumière maintient l'œil en mouvement autour d'une scène complexe qui détaille la posture et l'activité d'un nombre remarquable de personnages. Quel sens de l'observation ! Cela me rappelle le tableau précédent de Washington Square.

Avec le temps, Anne Eisner délaisse l'étude des groupes pour se concentrer sur des individus en évolution dans leur vie quotidienne : une femme enceinte [Fig. 16, accouchement, W0055, aquarelle, 1951], des femmes s'occupant de tâches ménagères ou de la cuisine [Pl. 19, Pl. 20, Pl. 21]. Dans *Woman Cooking II* [Pl. 8], une femme au premier plan s'occupe de ses tâches ménagères, tandis que trois petits personnages arrivent d'une forêt à motifs. L'attention qu'Eisner porte aux femmes nous fait ressentir son identification à elles.

L'intensité de cet intérêt pour la vie et le travail des femmes se manifeste dans des aquarelles exécutées rapidement sur du papier journal ou plus longuement dans des peintures à l'huile. Dans certaines, une femme s'occupe des cheveux d'une autre [Pl. 26, 27, 28] ; dans d'autres, des femmes préparent la nourriture [Pl. 8, Pl. 19, Pl. 20, Pl. 21]. Les motifs des vêtements, visuellement importants, suggèrent des gestes sûrs qui permettent à l'arrière-plan de s'effacer. Les personnages sont découpés, alors que leurs costumes décoratifs prennent de l'importance. Dans certains cas, les formes de l'arrière-plan deviennent partie intégrante d'un tableau où la figure de la femme est simplement dessinée.

CM : Où allait-elle dans son travail ?
J McD M : Anne Eisner a peint un certain nombre de grandes huiles qui transforment ces études en œuvres majeures. Les études ont été réalisées principalement en Afrique et les peintures à New York après son retour en 1954. Elle a été clairement influencée par les expressionnistes abstraits, qui étaient largement exposés à l'époque. Les arrière-plans complètent les sujets et revendiquent la toile comme un cadre bidimensionnel. Les couleurs ont un effet émotionnel, un élément de la peinture que les expressionnistes exploraient.

Two African Figures (1956) [Pl. 24] est un exemple de cette nouvelle orientation. Les figures sont situées dans l'espace face à face ; elles sont simplifiées sur le plan anatomique et intégrées dans le fond qui fait écho à leur placement et à leur couleur. *Inside and Out* [Pl. 23] est inhabituel et captivant : les décorations frappantes sur les murs sombres de l'intérieur font écho à la figure solitaire assise dans l'extérieur brillamment éclairé. La figure n'est pas réaliste en perspective, mais fait partie du plan aplati. Il y a un sentiment de solitude, presque d'isolement, dans cette peinture et dans d'autres peintures de femmes.

Dans *Two Women Working* (vers 1956) [Pl. 19], la sobriété du fond, tout comme l'obscurité des figures, sert à souligner les motifs des vêtements. Les femmes s'affairent à des tâches ménagères, l'une broyant au mortier dans un grand pilon, l'autre se penchant sur une assiette posée au sol. L'action est cruciale pour le contenu et on ressent la sympathie de l'artiste. Dans *The Women* (vers 1956) [Pl. 20], on voit trois femmes en tenue décorative occupées à leurs tâches ménagères et entretenant des relations entre elles. À l'arrière-plan se trouvent les huttes du village, que l'on a déjà vues dans d'autres tableaux.

Plusieurs tableaux véhiculent cette identification aux femmes, jusqu'au *African Beauty Salon I* (1957) [Pl. 27], où une femme prend soin d'une autre en s'occupant de ses cheveux. Deux figures se courbent en une forme complexe dans leurs costumes décoratifs. Dans plusieurs peintures de ce sujet, la clarté des figures est presque perdue au profit de la force visuelle des motifs du fond et des costumes.

Plusieurs tableaux de cette période se concentrent sur un sujet familier, les maisons de village, notamment *Camp Putnam I* [Pl. 11]. Nous les avons vues à plusieurs reprises à l'arrière-plan de tableaux. Dans celles-ci, la géométrie des maisons, y compris leurs fenêtres et leurs portes, est décrite avec des jaunes et des noirs intenses.

Anne Eisner a également réalisé un certain nombre d'aquarelles et de peintures pour explorer les arbres et le feuillage de la forêt. Leur composition et leurs couleurs sont nettement déterminées. *Pygmies in Forest I* et *II* (1957) [Pl. 9, Pl. 10] sont des exemples de son sens délibéré et interprétatif des bois et des figures accessoires. Les arbres sont sombres avec des formes gestuelles de lumière, et l'arrière-plan est mis en valeur pour faire partie de l'ensemble de la composition.

En 1963, Anne Eisner a eu une exposition personnelle à New York, à la galerie Kaymar, intitulée « Congo Rain Forest ». Les grandes peintures à l'huile transportent sa mémoire personnelle et interprétative de l'Afrique dans la forêt d'arbres et de feuillages. Dans *Entrance to Camp Putnam* (1960) [Pl. 31], des formes spécifiques de feuillage sont représentées avec des détails d'herbe et de feuilles inclus. Dans ces tableaux, les coups de pinceau, dont aucun n'est identique, donnent un sentiment paradoxal de familiarité et de chaos. Parfois, le feuillage tourbillonne autour des troncs des arbres représentés. Dans *Ituri Forest IX* (1960) [Pl. 30], les coups de pinceau clairs et foncés sont portés sur la toile comme s'ils jouaient l'un contre l'autre la planéité et la profondeur. Ce qui est si efficace dans ces tableaux, c'est l'expression d'un sentiment à l'égard du sujet, combiné à la sûreté de l'acte de peindre. *Ituri Forest IV* [Pl. 29] est une abstraction spontanée de feuillage, de feuillage de forêt. Elle a été peinte en 1960. Les gestes de la peinture claire et sombre démontrent sa familiarité avec le chaos du sujet. L'œuvre ne montre pas seulement les compétences d'Eisner en tant que peintre, mais aussi son interprétation intrépide de ce qu'elle a vu. Il y a un sentiment de conclusion plutôt que d'exploration.

Après l'exposition de peintures «forestières», Eisner a quitté ses souvenirs d'Afrique pour revenir à des sujets de sa vie américaine. Elle expérimente l'abstraction : dans plusieurs aquarelles, on peut presque voir les figures traduites en formes et en couleurs. Dans plusieurs gouaches, elle explore le motif des formes géométriques sur une surface plane. Dans d'autres, elle utilise le geste spontané pour commander l'espace sans définir un sujet.

Anne Eisner a passé plusieurs étés à Cranberry Island, dans le Maine. Un certain nombre d'aquarelles et de peintures sont clairement reconnaissables comme des paysages, mais chacune d'entre elles montre l'œil de l'artiste qui explore la scène pour y trouver ce qui l'attire. Certaines utilisent des arbres pour encadrer la scène, une autre présente l'eau et les rochers en traits rapides, d'autres utilisent des lignes verticales sombres et la lumière qui joue dans et autour d'elles. Une aquarelle est clairement un paysage de rivage avec une représentation libre de l'eau de l'océan se précipitant vers les maisons et la terre [...] En choisissant des sujets qu'elle avait connus et peints au cours de ses premières années, il ne fait aucun doute qu'elle a établi une relation entre elle et ses sujets à travers la peinture. Nous pouvons constater qu'Anne Eisner était issue d'une tradition qui accordait de l'importance à l'observation ainsi qu'à la construction synthétique ; elle vivait à Epulu dans un monde qui faisait de l'interprétation visuelle une forme de communication esthétique ; et elle continuait à explorer la relation à la forme qui permet à un artiste de donner un sens à ce qui l'entoure. La performance de la peinture pour Anne Eisner est une forme d'action, ainsi que d'acceptation, qui la définit en tant qu'artiste.

ŒUVRES

* N. B. Pl. indique « Plate » en anglais,
tel qu'on le trouve dans le cahier
des images à l'intérieur de *Images
of Congo*. Les renseignements pour
les œuvres aux États-Unis sont en
anglais (avec les numéros dans le
catalogue de Christie McDonald –
pour identification) ; les œuvres que
possèdent le musée du quai Branly
sont identifiées par le catalogage
du musée.

Pl. 1* *Patrick Putnam*, 1945
Huile sur toile, 76,2 × 61 cm
Collection Houghton Library,
Harvard University, États-Unis
Crédit photographique : John T. Hill

Pl. 2 *Washington Square*, 1935
Huile sur toile, 76,2 × 101,6 cm
Collection privée
Crédit photographique : John T. Hill

Pl. 3 *Kano*, 1947
Aquarelle, 58,4 × 38,1 cm
Collection privée
Crédit photographique : Michael Rosengarten

Pl. 4 *Kano Peanut Pyramids*, 1946
Aquarelle, 38,1 × 55,9 cm
Collection privée
Crédit photographique : Michael Rosengarten

Pl. 5 *Camp Putnam, circa* 1949
Aquarelle, 55,9 × 38,1 cm
Collection privée
Crédit photographique : Michael Rosengarten

Pl. 6 *Pygmy Camp*, 1948
Huile sur toile, 63,5 × 76,2 cm
Collection privée
Crédit photographique : John T. Hill

Pl. 7 *Forest and Figures*, 1948
Huile sur toile, 50,8 × 61 cm
Collection privée
Crédit photographique : Michael Rosengarten

Pl. 8 *Woman Cooking II*, 1951‑1952
Gouache sur papier, 60 × 46 cm
Musée du quai Branly – Jacques Chirac,
Paris, France
Inv. n° 70.2019.62.7

Pl. 9 *Pygmies in Forest I*, 1951-1952
Gouache sur papier, 35,5 × 28 cm
Musée du quai Branly – Jacques Chirac,
Paris, France
Inv. n° 70.2019.62.1

Pl. 10 *Pygmies in Forest II*, 1951-1952
Gouache sur papier, 35,5 × 28 cm
Musée du quai Branly – Jacques Chirac,
Paris, France
Inv. n° 70.2019.62.2

Pl. 11 *Camp Putnam I*, 1951
Huile sur toile, 45,7 × 101,6 cm
Collection privée
Crédit photographique : John T. Hill

Pl. 12 *Cloth and Figure*, 1952
Huile sur toile, 76,2 × 50,8 cm
Collection privée
Crédit photographique : Michael Rosengarten

Pl. 13 *Musical Bow IV*, 1956
Gouache sur papier, 61 × 45 cm
Musée du quai Branly − Jacques Chirac,
Paris, France
Inv. n° 70.2019.62.3

Pl. 14 *Musical Bow I*, 1956
Gouache sur papier, 45 × 58 cm
Musée du quai Branly – Jacques Chirac,
Paris, France
Inv. n° 70.2019.62.4

Pl. 15 *Musical Bow IX*, 1956
Gouache sur papier, 28 × 35,5 cm
Musée du quai Branly – Jacques Chirac,
Paris, France
Inv. n° 70.2019.62.5

Pl. 16 *Mother with Child I*, 1956
Huile sur toile, 101,6 × 76,2 cm
Collection privée
Crédit photographique : John T. Hill

Pl. 17 *Mother with Child II*, 1957
Huile sur toile, 127 × 100 cm
Musée du quai Branly – Jacques Chirac,
Paris, France
Inv. n° 70.2019.62.6Pl 18

Pl. 18 *Mother with Child IV, circa* 1956
Huile sur toile, 91,4 × 76,2 cm
Musée du quai Branly – Jacques Chirac,
Paris, France
Inv. n° 70.2021.24.3

Pl. 19 *Two Women Working*, 1956
Huile sur toile, 101,6 × 76,2 cm
Collection privée
Crédit photographique : John T. Hill

Pl. 20 *The Women*, 1956
Huile sur toile, 101,6 × 76,2 cm
Collection privée
Crédit photographique : John T. Hill

Pl. 21 *Woman Cooking, circa* 1953
Huile sur toile, 61 × 50,8 cm
Musée du quai Branly − Jacques Chirac,
Paris, France
Inv. n° 70.2021.24.2

Pl. 22 *Woman Working II*, 1956
Gouache sur papier, 38,1 × 27,9 cm
Musée du quai Branly – Jacques Chirac,
Paris, France
Inv. n° 70.2021.24.1

Pl. 23 *Inside and Out*, 1956
Huile sur toile, 101,6 × 76,2 cm
Musée du quai Branly – Jacques Chirac,
Paris, France
Inv. n° 70.2021.11.1

Pl. 24 *Two African Figures II*, 1956
Huile sur toile, 63,5 × 76,2 cm
Collection privée
Crédit photographique : John T. Hill

Pl. 25 *Woman and Jug*, 1956
Huile sur toile, 91,5 × 61 cm
Collection privée
Crédit photographique : Michael Rosengarten

Pl. 26 *Beauty Salon*, 1956
Aquarelle sur papier journal, 55,9 × 38,1 cm
Collection Houghton Library,
Harvard University, États-Unis
Crédit photographique : John T. Hill

Pl. 27 *African Beauty Salon I*, 1957
Huile sur toile, 101,6 × 76,2 cm
Collection privée
Crédit photographique : John T. Hill

Pl. 28 *African Beauty Salon II*, 1957
Huile sur toile, 76,2 × 66 cm
Collection Houghton Library,
Harvard University, États-Unis
Crédit photographique : John T. Hill

Pl. 29 *Ituri Forest IV*, 1960
Huile sur toile, 121,9 × 71,1 cm
Collection privée
Crédit photographique : John T. Hill

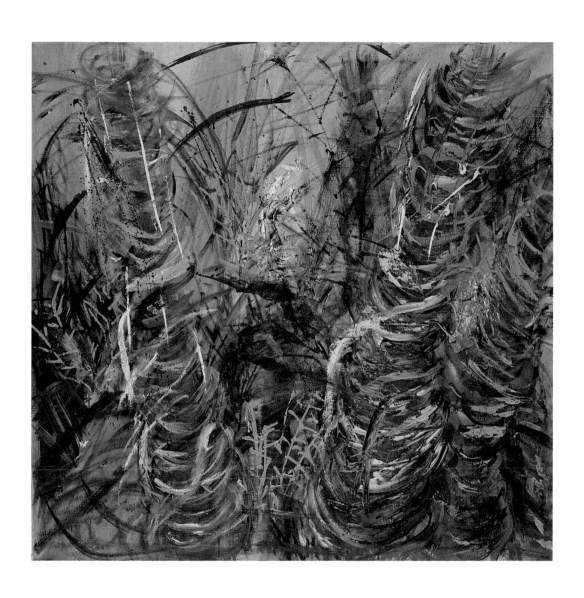

Pl. 30 *Ituri Forest IX*, 1960
Huile sur toile, 121,9 × 127 cm
Musée Peabody Essex, Salem, États-Unis
Crédit photographique : John T. Hill

Pl. 31 *Entrance to Camp Putnam*, vers 1960
Huile sur toile, 127 × 101,5 cm
Musée du Quai Branly – Jacques Chirac,
Paris, France
Inv. n° 70.2019.62.7

Pl. 32 *Abstract Trees IV,*
Cranberry Island, Maine, circa 1964
Huile sur toile, 76 × 56 cm
Musée du quai Branly – Jacques Chirac,
Paris, France
inv. n° 70.2019.62.9

Bibliographie

Bahuchet, Serge, «L'invention des Pygmées», *Cahiers d'Études africaines*, vol. 33 (1), n° 129, 1993.

Bal, Mieke, «Telling, Showing, Showing Off», *Critical Inquiry*, vol. 18 (Printemps, 1992), pp. 556-94.

Barr, Alfred H., *Picasso: Forty Years of His Art*, New York, Art Institute of Chicago et Museum of Modern Art, 1939.

Bradford, Phillips Verner et Blume Harvey, *Ota Benga, the Pygmy in the Zoo*, New York, Dell, 1992.

Cameron, Kenneth M., *Africa on Film. Beyond Black and White*, New York, Continuum, 1994.

Césaire, Aimé, *Discours sur le colonialisme*, Alger-Centre: Éditions ANEP, 1955.

Chapman, Francis, Interview avec Christie McDonald, 1991, Anne Eisner Putnam Papers, Houghton Library, Harvard University.

Crapanzano, Vincent, «Hermes' Dilemma: The Masking of Subversion in Ethnographic Description», *Writing Culture: The Poetics and Politics of Ethnography*, James Clifford et George E. Marcus (co-dirs), Berkeley, University of California Press, 1986, pp. 51-77.

Fabian, Johannes, *Remembering the Present: Painting and Popular History in Zaire*, Berkeley, University of California Press, 1996.

Fabian, Johannes, *Time and the Other: How Anthropology Makes Its Object*, New York, Columbia University Press, 1983.

Geary, Christraud M., *In and Out of Focus: Images from Central Africa, 1885-1960*, Washington, Smithsonian National Museum of African Art, 2002.

Geary, Christraud M., «Nineteenth-Century Images of the Mangbetu in Explorers' Accounts», *The Scramble for Art in Central Africa*, Cambridge University Press, 1998, pp. 133-168.

Grinker, Roy Richard, *In the Arms of Africa: The Life of Colin M. Turnbull*, New York, St. Martin's Press, 2000.

Guisset, Jacqueline (dir.), *Le Congo et l'art belge: 1880-1960*, éd. Jacqueline Guisset, Tournai, Renaissance du Livre, 2003.

Harraway, Donna, *Primate Visions: Gender, Race, and Nature in the World of Modern Science*, New York, Routledge, 1989.

Hochschild, Adam, *King Leopold's Ghost*, New York, Houghton Miflin, 1998.

Human Rights Watch (rapport de), «Ituri:"Couvert de sang": Violence ciblée sur certaines ethnies dans le Nord-Est de RDC», 2003.

[https://www.hrw.org/fr/report/2003/07/07/ituri-couvert-de-sang/violence-ciblee-sur-certaines-ethnies-dans-le-nord-est-de-la]

Hunt, Nancy (dir.), *Gendered Colonialisms in African History*, Oxford, Blackwell, 1997.

Ichikawa, Mitsuo, «The Residential Groups of the Mbuti Pygmies», *Senri Ethnological Studies*, n° 1, 1978, pp. 131-88.

Jewsiewicki, Bogumil, Samba Cheri et Dagan, Esther A., *Cheri Samba: The Hybridity of African Art*, Contemporary African Artists Series, n° 1, Montréal: Galerie Amrad African Art, 1995.

Jones, Schuyler, *Under the African Sun*, London: Hurst & Blackett, 1956.

Kingsley, April, *The Turning Point: The Abstract Expressionists and the Transformation of American Art*, New York, Simon & Shuster, 1992.

Kisliuk, Michelle, *Seize the Dance! BaAka Musical Life and the Ethnography of Performance*, New York, Oxford University Press, 1998 (deux CD inclus).

Mark, Joan, *The King of the World in the Land of the Pygmies*, Lincoln, University of Nebraska Press, 1995.

McDonald, Christie, «Brushes with History», *Harvard Review* (30), (printemps 2006), pp. 142-149.

McDonald, Christie, *The Life and Art of Anne Eisner. An American Artist between Cultures*, Rome: Officina Libraria, 2020.

McDonald, Christie (dir.), *Painting My World: The Art of Dorothy Eisner*, Suffolk, ACC Editions, 2009.

McDonald, Christie; Tervala, Kevin et Blier Suzanne, «La Forêt des sens: art, communauté, durabilité», Cahiers d'études, «Forêt, arts et culture: l'épreuve des sens», *Cahier du GHFF, forêt, environnement et société*, 2017, pp. 90-97.

McDonald Christie (dir.), *Images of Congo: Anne Eisner's Art and Ethnography, 1946-58*, 5 Continents éditions, Milan, 2005

Pollock, Griselda, *Avant-Garde Gambits 1888-1893: Gender and the Colour of Art History*, Londres, Thames and Hudson, 1992.

Price, Sally, *Primitive Art in Civilized Places*, Chicago, Chicago University Press, 1989.

Putnam, Anne Eisner, *Anne Eisner Putnam Papers*, Houghton Library, Harvard University.

Putnam, Anne Eisner, critique littéraire de *I Drank the Zambesi*, de Arthur Loveridge. *The Freeman*, mai 1953.

Putnam, Anne Eisner, avec Allan Keller, *Madami. My Eight Years of Adventure with the Congo Pigmies*, New York, Prentice-Hall, 1954.

Putnam, Anne Eisner, «My Life with Africa's Little People», *National Geographic Magazine*, vol. 117, n° 2 (fév. 1960).

Putnam, Patrick, Patrick Putnam Papers, Houghton Library, Harvard University.

Rubin, William (dir.), *"Primitivism" in 20th Century Art: Affinity of the Tribal and the Modern*, 2 vol, New York, The Museum of Modern Art, 1984.

Rycroft, David R., «Musical Bow», dans Stanley, Sadie (dir.), *The New Grove Dictionary of Musical Instruments.*, vol. 2. Londres, MacMillan, 1984, pp. 719-723.

Sawada, Masato, «Encounters with the Dead among the Efe and the Balese in the Ituri Forest: Mores and Ethnic Identity Shown by the Dead», *African Study Monographs*, Suppl. 15: 1-2 (1998), pp. 85-104.

Schebesta, Paul, *Among Congo Pygmies*, Trans. Gerald Griffin, London, Hutchinson, 1933.

Schildkrout, Enid, et Curtis A. Keim (co-dirs), *African Reflections: Art from Northeastern Zaire*, Seattle et New York, University of Washington Press et American Museum of Natural History, 1990.

Schildkrout Enid et Lacey Jacqueline, «Shifting Perspectives: The Man in Africa Hall at the American Museum of Natural History at 50», *Anthropology Now*, vol. 9, n° 2, pp. 14-26 (http://dx.doi.org/10.1080/19428200.2017.1340761)

Schweinfurth, Georg A., *The Heart of Africa. Three Years' Travels and Adventures in the Unexplored Regions of Central Africa from 1868 to 1871*, 2 vol., New York, Harper & Brothers, 1874.

Stanley, Henry Morton, *In Darkest Africa or the Quest, Rescue, and Retreat of Emin, Governor of Equatoria*, 2 vol., New York, Scribner's Sons, 1891.

Stoler, Ann Laura, «Making Empire Respectable: The Politics of Race and Sexual Morality in 20th-Century Colonial Cultures», *American Ethnologist*, vol. 16, n° 4 (nov. 1989), pp. 634-60.

Sweeney, James Johnson (dir.), *African Negro Art*, New York, The Museum of Modern Art, 1935.

Tanno, Tadasi, «The Mbuti Net-Hunters of the Ituri Forest, Eastern Zaire – Their Hunting Activities and Band Composition», *Kyoto*

Remerciements

University African Studies, vol. 10, 1976, pp. 101-35.

Terashima, Hideaki, «Honey and Holidays: The Interactions Mediated by Honey between Efe Hunter-Gatherers and Lese Farmers in the Ituri Forest», *African Study Monographs*, suppl. 15 :1-2, 1998, pp. 123-34.

Thompson, R. Farris, *Painting from a Single Heart: Preliminary Remarks on Bark-Cloth Designs of the Mbuti Women of Haut-Zaire*, Munich, Fred and Jens Jahn, 1983.

Thompson, R. Farris et Bahuchet, Serge, *Pygmées ? Peintures sur écorces battues des Mbuti (Haut-Zaïre)*, Paris, musée Dapper, 1991.

Thornton, Lynn, *Les africanistes : peintres, voyageurs*, 1860-1960, Paris, ACR, 1990.

Turnbull, Colin M., «The Elima: a Premarital Festival Among the BaMbuti Pygmies» *Zaire*, 14/ no. 2-3, 1960, pp. 175-192.

Turnbull, Colin M., *The Forest People. A Study of the Pygmies of the Congo*, 1961, 1968, New York, Simon and Schuster.

Turnbull, Colin M., «Legends of the BaMbuti», *The Journal of the Royal Anthropological Institute*, 89 (partie 1, 1959), pp. 45-60.

Turnbull, Colin M., *The Mbuti Pygmies. An Ethnographic Survey. Anthropological Papers of the American Museum of Natural History*, vol. 50 (partie. 3), New York, 1965.

Turnbull, Colin M., *The Mbuti Pygmies: Change and Adaptation*, New York, Holt, Rinehart and Winston, 1983.

Turnbull, Colin M., et Chapman, Francis S., *The Pygmies of the Ituri Forest*. Ces enregistrements furent initialement publiés sous les noms de *Folkways FE 4457*, en 1957 et *Folkways FE 4483*, en 1958. Ils furent édités par l'ethnomusicologue Michelle Kisliuk, remasterisés et publiés sous le nom de *Smithsonian Folkways SF CD 40401*, en 1992.

Turnbull, Colin M., *Wayward Servants: The Two Worlds of the African Pygmies*, New York, Natural History Press, 1965.

Vellut, Jean-Luc (dir.), et Van Leeuw Claire (co-dir.), «Femmes coloniales au Congo belge», *Enquêtes et documents d'histoire africaine* 7, Bruxelles : Centre d'Histoire de l'Afrique, 1987.

Webb, Virginia-Lee, *Perfect Documents : Walker Evans and African Art, 1935*, New York, The Metropolitan Museum of Art, 2000.

Les Éditions Skira et Christie McDonald souhaitent remercier toutes celles et ceux ayant participé et contribué à la parution de cet ouvrage, traduction française de *Images of Congo: Anne Eisner's Art and Ethnography*, initialement publié en anglais en 2005. Nous adressons nos remerciements aux auteurs et autrices des essais, dont Suzanne Preston Blier, Christraud M. Geary, Enid Schildkrout, Kay Kaufman Shelemay, Rosanna Warren. Grâce à eux, cette nouvelle parution a permis de prolonger le dialogue passionnant sur la vie et l'œuvre d'Anne Eisner. Nos pensées émues vont également à Louis Finkelstein (1923-2000), Abiola Irele (1936-2017) et Joan McD Miller (1929-2019), et nous remercions chaleureusement Martha Campbell, Bassey E. Irele et Lucas Miller pour avoir autorisé la publication dans cette nouvelle version de la préface et des commentaires d'artistes préalablement parus en 2005.

Nous tenons à remercier très chaleureusement Sarah Ligner, conservatrice au musée du Quai Branly - Jacques Chirac, pour son implication et son travail indispensables à la création de cet ouvrage et de l'exposition «Anne Eisner (1911-1967): une artiste américaine au Congo» qui permettent tous deux une connaissance approfondie de l'œuvre d'Anne Eisner.

Nous remercions Leslie Morris, conservatrice à la Houghton Library, qui a très tôt recueilli une partie des archives d'Anne Eisner et co-organisé avec Christie McDonald une exposition commune de ces archives et de celles de Patrick Tracy Lowell Putnam. Nous sommes reconnaissants à Kathie Claret pour sa sagesse juridique et à tous ceux ayant rendu possible la publication des images, dont John T. Hill et Michael Rosengarten, ainsi que les institutions telles que l'American Museum of Natural History de New York, la Houghton Library à Harvard University, le Metropolitan Museum of Art et le Virginia Museum of Art.

Enfin, ce livre n'aurait vu le jour sans le précieux soutien du Bacon Funds (Romance Languages and Literatures, Harvard University), de la Fondation Martine Aublet – Agir pour l'Éducation, et du Hutchins Center, Harvard University: qu'ils soient remerciés pour leur aide indispensable à la diffusion de l'œuvre d'Anne Eisner.

ÉDITIONS SKIRA PARIS
14 rue Serpente
75006 Paris
www.skira.net

Responsable des éditions
Nathalie Prat-Couadau

Responsable du projet
Meryl Mason

Responsable éditoriale
Juliette Chambon

Assistante éditoriale
Samaa Abdelaal

Conception graphique
Luigi Fiore
Serena Parini

Traduction
Marie-Mathilde Bortolotti

Relecture
Nacima Bouzad

Photogravure
Litho Art New, Turin

ISBN 978-2-37074-201-8
© Éditions Skira Paris, 2023
© Anne Eisner/Christie McDonald,
2023

1ère édition en anglais:
Christie McDonald (dir.),
*Images of Congo: Anne Eisner's Art
and Ethnography, 1946–58*,
5 Continents Éditions, Milan, 2005

Achevé d'imprimer en mars 2023
sur les presses de Graphius à Gand,
Belgique
Dépôt légal février 2023